Günter Leenen
Gladebach

über eine unglaubliche Reise
ins Mittelalter der Benediktinerabtei in Gladebach

Die Abtei Gladebach

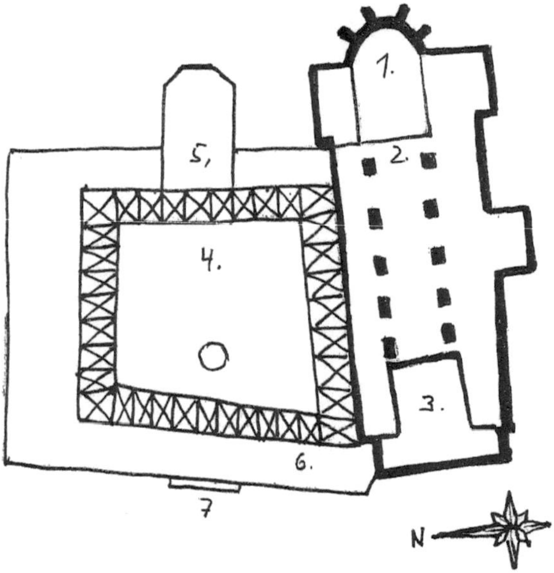

1. Chor
2. Lettner
3. Abtskapelle (Empore)
4. Kreuzgang
5. Kapitelsaal
6. Abtswohnung (1. Stock)
7. Eingang zum Kloster

Gladebach

Roman

über eine unglaubliche Reise
ins Mittelalter der Benediktinerabtei in Gladebach

Günter Leenen

Bibliografische Information durch
Die Deutsche Bibliothek:
Die Deutsche Bibliothek verzeichnet diese Publikation in der Deutschen Nationalbibliografie; detaillierte bibliografische Daten sind im Internet über http://dnb.ddb.de abrufbar.

ISBN 978-3-86870-091-6

www.rediroma-verlag.de
11,50 Euro (D)

Mehrmals in den vergangenen Jahrzehnten fiel mir das Buch 'Der Name der Rose' von Umberto Eco, in die Hände. Jedes Mal bemerkte ich beim erneuten Lesen bei mir eine andere Sichtweise:
Zunächst die Erzählung eines spannenden Kriminalromans, der schließlich auch als Fernsehfilm die für dieses Medium gängige Darstellungsweise wurde.
Dann in mehreren Ebenen die Sichten auf zeitgeschichtliche, religionspolitische, theologische - und nicht zuletzt Schilderungen der damaligen Lebensweisen in einem Kloster.
Schon bald tauchte bei mir die Frage auf, wie in der hiesigen Abtei in der Zeit des Umbruchs zwischen frühem und späten Mittelalter, der Zeit eines aus unserer Sicht ersten gesellschaftlichen Wandels, ausgesehen haben mag.
Wie lebte und dachte man wohl in Gladebach und vor allem, wie würde man auf die Konfrontation mit Informationen aus der Zukunft reagieren, wenn solches möglich wäre. Man darf dabei nicht übersehen, dass die Menschen früher in einem Urvertrauen auf einen personalen Gott lebten, in einer Gotteskindschaft, die die Vorstellung von zukünftigen Unwägbarkeiten nicht aufkommen ließ. Erst seit der Aufklärung entstanden die Fragen der 'Kinder' und wurden nachdrücklicher. Sie verloren das Urvertrauen.
Gleichwohl habe ich mich schon bald mit Fragen von Mönchen des 13ten Jahrhunderts herumschlagen müssen, deren Beantwortung die Protagonisten spontan leisten mussten.
Im vorliegenden Buch habe ich Wert gelegt über lokale, etwa baugeschichtliche Aspekte hinaus, die Entwicklungen in der Welt des Hochmittelalters einzubeziehen.

Schon ca. 40 Jahre vor unserem imaginären Zeitreiseereignis 1262 hatte der Dichter Walter von der Vogelweide diesen Wandel bemerkt und in seiner 'Alterselegie' besungen.

Angeführte Untersuchungen und Beschreibungen, wie der Einstieg und die Untersuchung des Brunnens im Brunnenhof und die Entdeckung des unterirdischen Ganges in Engelsholt haben tatsächlich stattgefunden. Auch die Bedeutung der Mörtelscheibe, von Hugo Borger Anfang der 1950er Jahre im Fußboden des Langhauses entdeckt, konnte ebenso wie die 'Messfehler' bei der Ostung des Münsters mit hoher Wahrscheinlichkeit zugeordnet bzw. geklärt werden.

Die Recherchen über die bedeutende Bibliothek der ehemaligen Abtei gestalteten sich deshalb auch so spannend für mich, weil seit 1998 die von der Jan Reinersstiftung geförderte Arbeit in drei Bänden von Kottje Reymund und Wermter über den 'Bücherbesitz des Klosters St. Vitus von der Gründung bis zur Auflösung' vorliegt. Die Möglichkeiten über das Internet, zum Beispiel über Wikipedia, den Inhalt der einzelnen Bücher in Kurzform aufzuschlüsseln, sind inzwischen leicht.

Inhalt

Kapitel I

in dem zwei Münsterführer im Münster von St. Vitus Experimente anstellen, über eine göttliche Energiesäule ins Mittelalter gelangen, erste Entdeckungen machen, aber plötzlich nicht mehr zurück können, dem Abt Dietrich ihre Anwesenheit, aber auch eine große Gefahr für die Krypta erklären, einen Plan zu ihrer Rettung entwickeln und als Gäste aufgenommen werden

Er schwingt sich auf sein Fahrrad und fährt los. Auf dem Gepäckträger geklemmt der Handscheinwerfer. Was er zu diesem Zeitpunkt natürlich noch nicht wissen kann, ist die bedeutende Rolle, die diese Lampe für die Entstehung der religiösen Stadtgeschichte noch spielen wird.

Obwohl heute Abend hier in Mönchengladbach wie überall im Rheinland, der erste der närrischen Tage, der Altweiberdonnerstag ist, steht eine Münsterführung über sakrale Architektur im Veranstaltungsprogramm an.

Auch Peter Fischer, mit dem er diese Münsterführung machen will, ist das bei der Planung nicht aufgefallen.

Sie haben vor, mit den Teilnehmern eine imaginäre 'Zeitreise ins Mittelalter', also in die Bauzeit des gotischen Chores der Kirche zu machen. So können die Teilnehmer sich leichter in das mittelalterliche Denken und Leben, aus dem heraus solche Bauten entstanden sind, einfühlen.

Vor allem die Probleme der 1260er Jahre, die der großen Geldnot der Abtei während des Baues wäre einer Darstellung wert.

Als Heiner Voss vor dem Seiteneingang der Münsterkirche ankommt, hat Peter Fischer bereits den Schlüssel besorgt. Sie gehen durch den verglasten Kreuzgang zum Eingang des Seitenchores. Von der Fensterbank zum Brunnenhof nimmt sich Heiner Voss von den dort ausliegenden Prospekten noch ein Exemplar des Veranstaltungsprogramms vom Münster mit und steckt es in seine Manteltasche.

In der Chorhalle machen sie das Licht an und stellen einige Stühle zu einem kleinen Kreis zusammen. Auf einen Stuhl, den sie in die Mitte stellen, bauen sie den Beamer auf, den sie in der alten Sakristei aus dem Einbauschrank geholt haben. Sie schliessen ein Verlängerungskabel an eine Steckdose in der Chorhalle neben der kleinen Orgel an.

Weil sie etwas Zeit haben, sprechen sie die Einstiegsphase ihres Vortrags noch einmal durch.

Peter Fischer hat die Idee mit dem Beamer:

„Der Begriff Beamer für diese Nachfolgegeräte der Diaprojektoren ist wohl aus diesen Star Trek Filmen und inzwischen in den allgemeinen Sprachgebrauch übernommen worden. Hier wird das digitalisierte Bild als Licht auf den Hintergrund gestrahlt. In diesen Science Fiktion Fernseh-Serien beamt man Material und auch Menschen von A nach B, in dem Materie in Energie und zurück in Materie verwandelt wird. Der Fachausdruck ist Teleportation. Aber das Beamen dürfte inzwischen allgemein bekannt sein.“

„Du meinst also, wenn wir den Begriff benutzen, können wir bei den Zuhörern leichter die Vorstellung wecken, ins Mittelalter zu reisen?“

„Ja, so etwa. Aber ich habe den Eindruck, es kommt

heute niemand, der Altweiberkarneval ist wohl interessanter. Es ist inzwischen 19.15 Uhr, wir können gehen."

„Ja, glaube ich auch. Aber die Idee mit dem Beamen ins Mittelalter finde ich interessant. Im ganz Kleinen, in der Quantenphysik, soll das mit Elementarteilchen bereits gelungen sein. Aber man braucht eine Menge Energie dazu."

„Vor einigen Jahren hatten wir hier doch einmal eine Geomantin, die in der Chorhalle die Energiefelder gemessen hat."

„Ja, es ging um die unterirdische Wasserebene in ca. 17 Meter Tiefe, der Ebene 55 Meter über NN, in der etwa 70 Meter von hier, der Gladbach unter dem Bürgersteig der Lüpertzenderstraße heute durch eine Röhre fliesst. Etwa zehn Meter vor der Treppe zum Münsterberg hinauf, kannst Du ihn in 3 Meter Tiefe unter einem Kanaldeckel fließen hören.

Es ging damals um die Frage, ob noch eine Verbindung des Brunnens im Brunnenhof unter der Chorhalle durch zum Gladbach besteht. Leider hat man nach dem letzten Weltkrieg in den Brunnen Schutt entsorgt. Vor 3 Jahren haben wir uns abgeseilt und den Brunnen untersucht. Er ist nur noch etwa 8 Meter tief. Nach unserer Vorstellung müsste er etwa 17 - 18 Meter tief sein, um die Wasserebene zu erreichen.

Aber dann würde es interessant, weil unserer Annahme nach beim Bau der ersten oder zweiten Kirche dieses unterirdische Fliesssystem absichtlich so angelegt worden ist, um ein Energiefeld zu erzeugen. Unter der Kathedrale von Chartre und auch in Santiago de Compostela hat man ähnliche und viel umfangreichere Systeme gefunden. Und stell Dir vor, die Gewölbe der

jeweiligen Kirchen sind genau so hoch, wie die Wassersysteme tief sind. Dieses Gewölbe hier ist etwa 17 Meter hoch, in Chartre hat die Kirche eine Höhe von 37 Meter und das künstliche Fliesssystem ist 37 Meter unter dem Fußboden der Kirche, das ist doch kein Zufall.
Wenn Du mich fragst, die aufstrebende Gotik hat etwas mit dem Vatergottsystem zu tun. In Korrespondenz zu den Kräften der Erde, dem Muttergottsystem, steht der Mensch genau dazwischen."

„Hast Du nicht mal erzählt, dass die Geomantin eine Energiesäule genau vor dem Altar unter dem Schlussstein im Kronengewölbe gefunden habe?
Komm, wir stellen den Beamer mal an diese Stelle."

Als sie den Stuhl mit dem Beamer vor den Altar und damit unter den Schlussstein stellen, schießt plötzlich eine bläuliche Lichtsäule vom Beamer bis ins Gewölbe hoch und umgibt sie. Heiner Voss fällt gerade noch Jahreszahl Anno 1262 ein:

Völlig überrascht und fast ohnmächtig finden sie sich von einer Sekunde auf die andere am gleichen Ort, aber auf der Baustelle des Hochchors, es muss im Jahre 1262 sein, wieder.
Sie wissen, das ist das Jahrhundert, in dessen zweiter Hälfte Dietrich Abt der Benediktiner Abtei hier war.

Sie haben eine Zeit nötig, um ein Kreislaufproblem, den Schwindel im Kopf zu überwinden. Dann aber fühlen sie sich wie neu geboren.

Über ihnen strahlt der Winterhimmel. Mit einem Mal spüren sie die Kälte einer klaren Februarnacht. Es muss mindestens zehn Grad unter Null sein. Gut, dass sie mit schweren Wintermänteln bekleidet sind.

Die Energiesäule, über die sie angekommen sind, verbreitet ihr bläuliches Licht an der gleichen Stelle, nur jetzt im Baustellenbereich der Kirche des Mittelalters. Es ist stockdunkel und dauert eine Weile, bis sie die Realität ihres Zeitsprunges, begriffen haben.

Heiner Voss hat seinen Handscheinwerfer in der rechten Hand. Als er ihn einschaltet, sehen sie die zwölf Steinsäulen der Joche in unterschiedlicher Höhe aufragen. Die östlichen Säulen im Bereich der Apsis haben erst eine Höhe von vielleicht 7 Metern, während die nach Westen bereits die endgültige Höhe erreichen. Auch die Zwischenmauern mit den Türen zu Sakristei und Martinschor sind schon vorhanden, bis auf die Mitte der Apsis, in der später das Bibelfenster zu sehensein wird. Hier ist ein Durchgang nach draussen.

Der Triumphbogen über den mächtigen Vierungspfeilern und die beiden jeweiligen nächsten Säulen tragen bereits gemauerte Lichtgaden und das erste Gewölbe besitzt schon seinen Schlussstein. Auch die ersten halblangen Fensteröffnungen mit ihrem Maßwerk sind schon eingebaut. Davor stehen Holzgerüste.

Erst jetzt wird Ihnen bewusst: sie können froh sein, dass der Fußboden des Chores schon vorhanden ist, der ja nach unten hin die Gewölbedecke der Krypta darstellt.

Heiner Voss fragt sich insgeheim, was wohl passiert wäre, wenn der Ort nicht genau dem Ausgangsort entsprochen hätte, die Energiesäule sie also wegen der fehlenden Decke in der Luft abgesetzt hätte.

Aber was ist das?

Der ganze Fußboden, der noch aus gestampftem Lehm besteht, ist mit einer Eisschicht überzogen. Es muss vor dem Frost länger geregnet haben.

Sie gehen auf eine Bretterwand zu, die das Langhaus von der Baustelle absperrt. Auf der rechten Seite finden sie einen Durchgang und steigen im Licht des Scheinwerfers die sieben Stufen und dann noch einmal drei hinunter.

Vor den unteren Steinen des begonnenen Lettners steht ein Altar, so dass das Langhaus während der Bauphase des Chores weiterhin für Gottesdienste genutzt werden kann.

Oben trifft der Lichtstrahl auf die in der für ihre Empfindung unwahrscheinliche Höhe von fast siebzehn Metern. Sie sehen oben die auf schweren Eichenbalken liegende Holzdecke, die mit gelben Ornamenten bemalt ist. die auch die Wände schmücken. Auf warmgelbem Untergrund streben braune Ranken bis zur Decke hoch, die auch mit grünem Blätterwerk belaubt sind. Die Fenster in den Lichtgaden sind kleiner als in späterer Zeit.

Die Decke wirkt deshalb so hoch, weil die Balken in die obere Mauerkrone eingelassen sind. Das erst ca. 150 Jahre später eingebaute Gewölbe wird viel tiefer, nämlich auf den Kapitellen ansetzten und erreicht erst in der Mitte, bei den Schlusssteinen, etwa die Höhe der Seitenmauerkronen.

„Wir sollten uns mal die Krypta ansehen", meint Peter Fischer, „die Mönche schlafen ja jetzt."

Links und rechts neben den Vierungspfeilern führen die Treppen nach unten. Als Heiner Voss die Gewölbedecke ableuchtet sehen sie, was sie befürchtet haben:

„Sie ist nass, aber Gott sei dank noch nicht gefroren. Wir sind wie in einer Tropfsteinhöhle."

Peter Fischer, von Beruf Bauingenieur, gestaltet so seinen Ruhestand.
Er weist auf die offenen, natürlich noch nicht verglasten Fenster:
„Da geht ein scharfer Nordostwind rein. Nur eine Frage der Zeit, bis das Gewölbe durch und durch gefroren ist. Es ist für das Mauerwerk gar nicht gut! Dafür werden sie noch Lehrgeld zahlen."

Als sie in die Baustelle der Chorhalle zurückkehren, fällt ihnen sofort auf, dass die Energiesäule verschwunden ist.
„Wo ist unsere Energiesäule, unsere Möglichkeit zur Rückkehr?"

Herta Wickerath, die Küsterin des Münsters St.Vitus hat sich in der Stadt verspätet.
Als sie in ihr Auto steigen will, bemerkt sie in der Kirche noch Licht, obwohl heute, an Karneval, keine Veranstaltungen stattfinden sollten.
Was ist da los?
Leise steigt Ärger in ihr hoch. Die Türe zum Kreuzgang ist offen.
Als sie in den Hochchor kommt, sieht sie das Licht und den eingeschalteten Beamer.
Kein Mensch ist zu sehen.
Sie ruft mehrmals.
Als sie keine Antwort erhält, zieht sie wütend den Stecker aus der Dose und bringt den Beamer in die alte Sakristei.
Das wird ein Nachspiel haben.

Heiner Voss ist entsetzt und sucht in seiner Manteltasche nach der Fernbedienung. Als er auf die Taste `Zurück` drückt, geschieht gar nichts. Der Beamer reagiert nicht mehr.
Ein gewaltiger Schreck durchfährt sie. In Panik sehen sie sich an.

Erst allmählich wird ihnen klar, dass jemand im Chor das Licht und den Beamer in Betrieb gefunden hat.

Das kann nur die Küsterin Herta Wickerath gewesen sein, denn die hat einen Schlüssel. Sie muss, nicht ohne sich vermutlich kopfschüttelnd zu wundern, den Strom unterbrochen haben.
Sie bleiben im Jahre 1262 ohne Aussicht auf Rückkehr in ihre Zeit.

Die Dunkelheit des Mittelalters umfängt sie, als Heiner Voss den Scheinwerfer ausschaltet und ihn nur noch sparsam einsetzt. Die Nacht wirkt noch unheimlicher auf sie. Dazu kommt die plötzliche Kälte.
Sie begeben sich durch die Lücke in der Apsis aus dem Innern der Baustelle auf den östlichen Münster-Vorplatz. Man hat außen eine Rampe aufgeschüttet, weil sich der Fußboden der Chorhalle ja etwa 1,6 Meter über dem Vorplatz befindet. Mit dem Scheinwerfer orientieren sie sich kurz. Rechts neben der Kirche, vor der Mauer südöstlich ist ein Holzdach errichtet. Die Bauhütte wird von hölzernen Pfosten getragen. Es dient wohl dazu, in seinem Schutz auch im Winter arbeiten zu können. Hier liegen Holzschablonen und bearbeitete Steine für das Maßwerk der Fenster. Sie sehen die erste Serienanfertigung. Eine Menge Baumaterial liegt herum.

„Wie kommen wir aus dieser Situation wieder heraus?

Sieh dir das an! Da draußen ist nichts von einer Stadt zu sehen. Wir sind wirklich im Mittelalter, begreifst du das?"

Heiner Voss leuchtet von der Rampe über die Klostermauer nach Süden. Sie sehen nur Baumgipfel.
Den Scheinwerfer wollen sie jetzt nicht mehr benutzen, um die Batterie zu schonen.
Peter Fischer ergreift als erster das Wort, als ihnen ihre Situation zunehmend klar wird:

„Ich glaube ich habe eine Idee. Es gibt eine Möglichkeit. Du hast in deiner Manteltasche das Veranstaltungsprogramm des Münsters Januar – April 2008. Da gibt es im Februar eine Lichtbilderschau über das Bibelfenster. Such mal das Programm. Sieh' mal nach"
Nach einer Weile zieht Heinz Voss das Programm aus der Tasche. Unter dem Licht des Scheinwerfers finden sie die Ankündigung:

Do. 07.02. 19.30 Uhr Aus der Nähe besehen - Das Bibelfenster
Lichtbilderschau mit Heinz Peter Borgouns, Hochchor

„Das könnte unsere Rettung werden. Wir werden sehen."
Sie besprechen noch einige Details.
Heiner Voss schaltet den Scheinwerfer aus:

„Das könnte funktioneren. Morgen sollten wir den Abt Dietrich aufsuchen und sehen, ob er uns für 7 Tage Asyl gewährt. Wie schaffen wir es nur zu erklären, wo wir herkommen?
Vielleicht fällt uns bis morgen ein, wie es laufen könnte. Dietrich soll ja ein hochgebildeter, weltoffener Mann

sein. Aber stell Dir vor, wie würdest Du reagieren, wenn Du an seiner Stelle wärst?

Jetzt sollten wir unten in der Kirche einen geschützten Platz suchen, wo wir die Nacht verbringen können, ohne sofort entdeckt zu werden. Ich schätze, die Mönche werden ihre nächtlichen Gebete nicht in der nassen Krypta abhalten. Hoffen wir, dass wir uns nicht in der Nacht mit ihnen auseinander setzen müssen."

„Leuchte mal von hier draußen den fertigen Teil des Gewölbes an."

Sie sehen, dass über den beiden ersten Säulenpaaren bereits auch das Dach fertig und somit das Gewölbe geschützt ist.

„Wir sollten die Fenster verschließen."

Sie suchen Bretter zusammen und stellen sie vor die Fenster der Nordost Seite der Krypta.

In der Nacht ziehen sie sich tief in die Michaelskapelle des Westbaues zurück. Auf den eigentümlichen Holzbänken finden sie es ungemütlich. Sie wickeln sich fest in ihre dicken Wintermäntel ein; aber ihre Situation, und wie es dazu gekommen ist, lässt sie kaum Schlaf finden.

Was war da passiert?

Für einen solchen Wandlungsprozess von Materie, den sie erlebt haben, ist unvorstellbar viel Energie nötig. Das hatte Peter Fischer einmal irgendwo gelesen. Er kann sich nicht vorstellen, dass ein kleiner Beamer allein so etwas fertig bringt. Und dann auch noch einen Transport rückwärts in die Zeit und nicht nur von A nach B.

Hier muss noch mehr dahinter stecken als nur diese

Star-Trek-Technologie. Spielt hier etwa ein parapsychologisches Phänomen eine Rolle?

Als Einstein mit seiner Relativitätstheorie das Weltbild der Physik revolutionierte, wurde er von einer Studentin nach der Veränderung eines Lichtstrahls durch die Schwerkraft gefragt. Was er denn getan hätte, wenn seine Theorie nicht bestätigt worden wäre? Er soll geantwortet haben, es hätte ihm Leid getan für den lieben Gott – seine Theorie aber sei richtig.

Etwa zwanzig Jahre später entdeckt Werner Heisenberg in der Welt der Quantentheorie, dass es den ‚neutralen' Beobachter nicht gibt. Der Beobachter nimmt immer auch Einfluss auf das Ergebnis. Bedeutet dies, dass die Menschen sich alles nur einbilden? Gibt es objektive Wirklichkeit oder gibt es die Bilder, die wir uns von der Welt machen?

Heiner Voss denkt immer wieder an die baulich bedingte Energiesäule. Der Baumeister muss über Kenntnisse verfügt haben, die in späteren Zeiten verloren gegangen sind. Die Geomantin lag also richtig mit ihren Erkenntnissen. Nur, dass sie so eine verstärkende Wirkung auf den Beamer haben würde, hat er nicht erwartet.

Sie müssen geschlafen haben.

Sie nehmen wie im Traum die nächtlichen Gebete der Mönche wahr. Diese haben sich vor dem Altar versammelt. Auf der Armbanduhr kann man keine Zeit mehr erkennen, weil die Leuchtziffern verblasst sind. Die Mönche haben sich zur Matutin, dem nächtlichen Chorgebet, versammelt. Demnach ist es nach Mitternacht. Sie rühren sich nicht, weil sie sie jetzt nicht auf

sich aufmerksam machen wollen. Vor dem Altar brennt die Flamme einer großen Kerze. Das ist ihr einziges Licht.
Die Mönche sitzen links und rechts seitlich vor dem Altar in ihrem Gestühl, dass provisorisch im Langhaus aufgestellt ist.
Die beiden sind sehr müde. Im hinteren Teil der eiskalten Kirche versuchen sie den größten Teil der Nacht, etwas Schlaf zu finden. Die Gedanken über ihre Situation quälen sie.

Als der Morgen dämmert, gehen sie wieder zur Baustelle. Offensichtlich wird im Winter am Hochbau nicht gearbeitet. Im Außenbereich hören sie jedoch das Hämmern eines Steinmetzes. Es ist, wie sie gleich darauf sehen, ein Mönch, der einen Lederschurz über sein Gewand gebunden hat. Er bearbeitet Steine für das Maßwerk. Bearbeitete Stücke liegen säuberlich sortiert neben ihm.

Bruder Matthäus Lotharius entdeckt die merkwürdigen Fremden auf der Baustelle des Chores.
Nachdem die Fremden ihn darum bitten, führt er sie durch den Kreuzgang, einen Durchgang und eine Treppe hoch in den Teil der Abtei, über den in späteren Zeiten keine Kenntnisse mehr vorhanden sind. Er meldet sie beim Abt an und bittet sie auf dieser Holzbank im zugigen Flur Platz zu nehmen. Bruder Matthias verschwindet dann wieder nach unten in Bereich der Baustelle.

Durch die Säulen des Kreuzganges sehen sie in den ihnen bekannten Teil des Brunnenhofes. Nach Osten hin begrenzt ihn schon nach rund zwanzig Metern ein flaches Gebäude. Der Brunnen sieht etwa so aus, wie sie ihn kennen. Davor, in der Mitte des kleinen Hofes liegt eine runde Zisterne von vielleicht sieben Meter Durchmesser.

Der Wohn- und Repräsentationsbereich des Abtes hebt sich sehr wohl vom übrigen Kloster ab. Gleichwohl macht alles einen maroden Eindruck.
Unter ihnen scheinen Remisen und auch Pferdeställe zu sein. In den anderen oberen Teilen des Gevierts befinden sich Kapitelsaal, Skriptorium, Bibliothek und Zellen.
Die finanziellen Mittel für neue Baumaßnahmen fehlen hier offensichtlich. Der Neubau der Chorhalle ist nur unter großen Anstrengungen möglich. Das ist ihnen aufgrund alter Geschichtsbücher bekannt geworden.

Bruder Matthäus Lotharius macht sich derweil Gedanken darüber, wo diese ungewöhnlichen Fremden mit ihrer seltsamen Sprache so plötzlich hergekommen sind.

Er selber war erst vor 6 Jahren, zu Beginn der hiesigen Baumaßnahme vom mit dem Gladebacher Kloster verbundenen Kloster St. Pantaleon in Köln hier eingetroffen. Als Steinmetz gehörte er zur Kölner Dombauhütte und hatte sich das Vertrauen Meister Gerhards, des Dombaumeisters von Köln erworben, der ihn auch wegen seiner fachlichen Sorgfalt und seines Willens, Neues zu lernen, schätzt. Mit Abt Dietrich hatte Gerhard die Notwendigkeit besprochen, hier jemand zu haben, der in den Zeiten, in denen Gerhard in Köln ist, die Aufsicht führt und fachliche Weisungen erteilen kann. Obwohl seine Stellung im Konvent wegen seines nichtadeligen Elternhauses zunächst schwierig war, hat er sich aufgrund seiner Kenntnisse schnell eine geachtete Stellung erworben. Nach dem Vorbild von Köln hat er aus dem Kreis der hiesigen Handwerker eine kleine Bauhütte aufgebaut, die nicht nur in den verschiedenen Gewerken arbeitet, sondern ständig auch mit anderen Fachleuten im Gespräch ist. Wenn Meister Gerhard aus Köln kommt, kann er sich darauf verlassen, dass diese Gruppe in der Lage ist, ihm fachlich zu folgen.

Das Gespräch zwischen Heiner Voss, Peter Fischer und Abt Dietrich (Theodoricus) findet am 11.Februar. 1262 statt. Im Arbeitszimmer des Abtes ist es dunkel, selbst um die inzwischen fortgeschrittene vormittägliche Zeit. Die Armbanduhr von Heiner Voss zeigt kurz vor 10 Uhr. Es ist der 1. Februar.
Die ideale Empfangszeit denkt er.

Mit einem silbernen Kreuz auf der Brust seines langen Gewandes kommt Abt Dietrich ihnen entgegen.
Der Abt mag das 40. Lebensjahr noch nicht lange überschritten haben.
„Nun sagt, wo kommt Ihr her und was ist Euer Begehr?"
Heiner Voss ergreift das Wort:
„Wie sollen wir das erklären...
Der Abreiseort ist diese schöne Kirche hier. Es ist uns, teilweise durch widrige Umstände gelungen, eine Reise durch die Zeit zu machen. Wir kommen aus einer viel späteren Zeit ehrwürdiger Abt."
„Was Ihr nicht sagt, mir ist schon viel untergekommen, aber so etwas habe ich noch nicht erlebt."
Abt Dietrich sieht die Besucher lange an.
„So wie Ihr Euch kleidet, mag das stimmen."

„Hier sind einige Geräte, die erst in späterer Zeit erfunden werden, wie dieser Scheinwerfer und unsere Chronometer." Heiner zeigte seine Armbanduhr und die Lampe.

„Wir haben mit einem Gerät gearbeitet, das an der Abreisestelle zurückgeblieben ist und das uns in die Lage versetzt hat, durch die Zeit rückwärts zu reisen. Nun haben wir damit ein Problem und sind bei Euch - so zu sagen gestrandet.

In der Zeit, aus der wir kommen, ist diese wunderbare Kirche, die Ihr gerade hier baut, zum vierten Mal restauriert worden und wird nach weit über siebenhundert Jahren immer noch von den Menschen bewundert. Wir sind gekommen, den Mann kennen zu lernen, der dieses wertvolle Gotteshaus gebaut hat."

„Wertvoll, wie wahr! Dieser Baumeister den Ihr sucht, frisst mir gerade die Haare vom Kopf. Ich werde wohl mein wertvollstes sakrales Tafelsilber an einen Juden in Köln verpfänden müssen." Und mehr zu sich selbst:

„Auch der Konvent murrt, alle reden nur vom Geld."

Dem Abt fällt erst langsam auf, was er da eben gehört hat:

„Was für einen merkwürdigen Apparat erwähntet Ihr so eben? Wenn ich meinen Erzbischof in Köln besuche, brauche ich mit meiner besten Kutsche vier bis fünf Tage und wenn dieser eilige Gerhard von seiner Baustelle dort uns besucht, ist er zu Pferde immer noch zwei Tage unterwegs. Und Ihr reist durch die Zeit? Durch welche Zeit?"

Der Abt scheint furchtbar aufgeregt.

„Und wieso muss eine Kirche, die noch gar nicht fertig ist, schon restauriert werden? Was sagtet Ihr da von siebenhundert Jahren?"

Peter Fischer:
„Gestern Abend, aber im Jahre 2008 am 31.Januar gegen 19.00 Uhr haben wir in der von Euch so prächtig erbauten und Euch teuer werdenden Chorhalle der Münsterkirche, über die Baukunst der Gotik, der wertvollen sakralen Architektur, Gespräche führen wollen."
Abt Dietrich unterbricht den Redner:
„Ihr mögt über mich Informationen über meine zugegebener Maßen desolate finanzielle Situation haben, aber glaubt ja nicht, ich könne nicht rechnen: Wenn Ihr am 31. Januar 2008 hierher aufgebrochen seid, dann war das, lassen wir die 750 Jahre und die letzte Nacht in der Ihr angekommen seid einmal außer Betracht, vor zehn Tagen. Eure Reise hat also zehn Tage gedauert?"

„Ehrwürdiger Abt, unser Gerät funktioniert nur augenblicklich oder gar nicht. Zurzeit funktioniert es eher gar nicht.
Die zehn Tage Differenz kommen zu Stande, weil ein späterer Papst eine Kalenderkorrektur vornehmen wird. Ihr empfindet es möglicherweise bereits in Eurer Zeit, dass Euer Julianischer Kalender im Laufe der Zeit immer mehr vom Verlauf des natürlichen Sonnenjahres abweicht, indem er voreilt. Dieser Gregor XIII. wird am 4. Oktober 1582 eine Korrektur vornehmen und zehn Tage wegnehmen, indem er sofort den 14. Oktober folgen lässt. Sein Name steht dann für den neu berechneten Gregorianischen Kalender."
„So, so. Was sagtet Ihr zu Eurem Schiffbruch, was ist mit Eurer Kutsche geschehen, hattet Ihr Radbruch?"
„Unser Gerät ist keine Kutsche. Es ist ein kleiner Kasten, den wir Beamer nennen. Er stand in unserer Zeit

in 2008 im Hochchor vor dem Altar genau an der Stelle, an der während der Messe der Priester steht. Normalerweise benutzen wir dieses Gerät, um Lichtbilder gegen eine weiße Wand zu strahlen ähnlich wie die Sonne durch bunte Kirchenfenster auf der gegenüberliegenden Wand bunte Farben aufträgt. In dem Kasten wird die Sonnenenergie aber durch eine etwas andere Energie ersetzt, die wir elektrischen Strom nennen und die auch bei Dunkelheit funktioniert, wie diese Lampe hier und Helligkeit wie die Sonne erzeugen kann. Der Strom wird erzeugt von Maschinen und über Kupferkabel in den Kasten gebracht."

„Hört mir auf, davon verstehe ich nichts, dass könnt Ihr meinem Baumeister erklären."

„Wir haben mit diesem Gerät Versuche angestellt. Es ist uns gelungen, uns an diesem Ort selber in Licht zu verwandeln, sozusagen uns auf dem Weg zu Euch zu entmaterialisieren und uns in diesem Licht bis in Eure Zeit schicken zu lassen."

„Den Begriff, den Ihr eben benutztet, kenne ich nur aus der Gotik, dass man damit reisen kann, verwundert mich."

„Nun ja, uns interessiert vor allem auch die Energie des Ortes und wir fragen uns, welchen Anteil Euer Baumeister an dieser baulich bedingten Energie hat. Es scheint, dass unser Experiment nur im Zusammenwirken beider Energien funktioniert hat.

Nun ist etwas dazwischen gekommen. In unserer Abwesenheit muss unsere Kustodin, die von unserem Experiment nichts wusste, das eingeschaltete Gerät gefunden und die Energie ausgeschaltet haben, indem sie das Kupferkabel unterbrochen hat. Nun sitzen wir bei Euch fest."

Das Gesicht des Abtes verdüstert sich:

„Was ist das für eine merkwürdige Zeit aus der ihr kommt, in der man solche Experimente in einem Gotteshaus vornimmt? Überhaupt: Das Jahr 2008. Wir leben in einem Zeitalter, in dem die Menschen sich um ihr Seelenheil sorgen, weil sie der festen Überzeugung sind, dass die Ankunft des Messias kurz bevor steht. Wenn das bekannt wird, fürchte ich, dass hier Zeiten ausbrechen wie in Sodom und Gomorra, so zu sagen der Antichrist an Macht gewinnt. Mit wem hattet Ihr bisher Kontakt?"

„Nur mit Bruder Matthäus Lotharius. Wir baten ihn, uns bei Euch anzumelden."

Nach einigem Nachdenken fasst er einen Entschluss:

„Ich werde Euch als meine Gäste betrachten und Euch hier bei mir in meinem Hause unterbringen. Als meine Gäste könnt Ihr Euch frei bewegen, aber bedenkt, was Ihr mit wem besprecht."

Die beiden Gäste aus der Zukunft können ihre Freude nicht verbergen:

„Für Eure Gastfreundschaft sind wir Euch überaus dankbar, ehrwürdiger Abt!"

„Wenn wir darüber nachdenken", sagt Peter Fischer, „sorgen wir uns auch um die Frage, was wir in Eurer Zeit für Informationen preisgeben dürfen, weil wir dadurch die Zukunft verändern. Es kann aber auch so sein, dass wir und die Geschehnisse unserer Zeit bereits das Produkt unseres Besuches hier bei Euch sind, diese Informationen also schon mit in die Geschichte eingeflossen sind."

Heiner Voss:

„Nach Meinung hochrangiger Fachleute unserer Zeit, gemessen an der Verwirklichung eines solchen Bauwerks mit wegweisender Wirkung für weite Teile des Rheinlandes, werdet Ihr für eine Persönlichkeit von geschichtlich herausragender Überzeugungskraft gehalten. Schon die Tatsache der Verwirklichung des Baues unter den finanziellen Umständen des Klosters Eurer Zeit, auch dass Ihr diesen Baumeister gewinnen konntet, zeugt davon.
Weil Ihr abgewichen seid von den Plänen Baumeister Wolberos, der einen Dreikonchenchor vorsah wie in Neuss, und Euch auf die Fundamente die Krypta beschränkt habt, habt Ihr in der Beschränkung grosse Baukunst in diesem kleinen Gladebach verwirklicht."
Der Abt ist sichtlich bewegt:

„Ihr schmeichelt mir sehr, bin ich doch in der Nacht oft mit großen Zweifeln über die Verwirklichung auf mein Lager gesunken. Mein Traum war immer das Höhere, die Verwirklichung des himmlischen Jerusalem. Wie auch bereits mein Vorgänger Rupert in der Verknappung im Westbau nicht finanzielle Gründe allein anführt, sondern den reformatorischen Willen zu benediktinischer Bescheidenheit zum Ausdruck bringt.

Und fahren wir im Langhaus fort: Eine Entwicklung vom romanischen zum Gotischen hin, zur Entmaterialisierung und damit Vergeistigung des Steins, (hier benutze ich den Begriff philosophisch) das ist der Prozess der Baukunst bis zu unserer heutigen Baumaßnahme. Dabei in Schlichtheit und Formeneinfachheit die geistige Kraft und Grundhaltung des Gladebacher Konventes auf karges und strenges Mönchsleben gerichtete Geistigkeit zu spiegeln, darum geht es uns."
Abt Dietrich hält inne, man sieht seine Begeisterung:

„Ich bin selber im Westen auf Reisen gewesen und habe diese Kathedralen gesehen. In Köln lernte ich Gerhard von Rile kennen. Ich speiste auch mit Albertus Magnus während meines Antrittsbesuchs bei Erzbischof Konrad von Hochstaden, Gott habe ihn selig.

Natürlich hatte ich einen kleinen Plan dieser Kirche dabei und konnte ihn gewinnen, her zukommen und Maß zu nehmen. Ihn faszinierte die Vorstellung, hier auf kleinstem Raum die Summe der Formenvielfalt von seinen Plänen in Köln zu verwirklichen: das himmlische Jerusalem in der Provinz, so zu sagen die Summe aus der Summe."

Peter Fischer ergreift das Wort:

„Ehrwürdiger Abt, wir gehören in unserer Zeit einer Gruppe von Menschen an, die versuchen, dieses auch noch im 21.Jahrhundert bedeutende Bauwerk mit Leben zu füllen.

Von Beruf war ich dort so etwas wie ein lehrender Baumeister. Daher ist mir gestern Abend eine schlimme Sache für das Gewölbe der Krypta aufgefallen, die keinen Verzug duldet. Wir nehmen an, dass es vor dem starken Frost längere Zeit geregnet hat. Der Regen hat den Lehmboden und das Gewölbe der Krypta durchtränkt. Der Frost darf nicht ins Gewölbe gelangen. Er würde das Gewölbe zerreißen. Gestern Abend haben wir bereits Bretter vor die Fenster an der Nordostseite gestellt, aber das genügt nicht."

Abt Dietrich steht auf und zieht an einer starken Schnur hinter seinem Sessel. Etwas entfernt hören sie eine Glocke läuten. Nach kurzer Zeit erscheint ein junger Novize, von vielleicht gerade mal 20 Jahren.

„Renaldus, eile und bitte umgehend Bruder Matthäus

Lotharius zu mir."
„Sehr wohl, ehrwürdiger Vater."
Der Abt wendet sich wieder zu uns:
„Matthäus Lotharius ist hier, was den Bau betrifft, mein bester Mann. Er vertritt den Baumeister und lernt sehr schnell. Das Steinmetz Handwerk hat er in Köln gelernt. Er ist sehr geschickt in dem schwierigen Geschäft der Anleitung der Bauleute, Handwerker und auch im Umgang mit Fuhrleuten. Ihr könnt mir glauben, eine solche Baustelle so kostengünstig wie möglich zu planen, ist nicht einfach. Ich wüsste nicht, was ich ohne ihn täte. Aber dieses Problem, das Ihr da ansprecht, haben wir noch nicht erlebt. Jetzt weiss ich auch, warum Gerhard auf dieser Methode des Joch für Joch Bauens bei mir bestanden hat. Er kann so gleich über dem fertigen Teile des Gewölbes das Dach beginnen."
Einige Augenblicke später kommt Bruder Matthäus Lotharius ins Zimmer:
„Ehrwürdiger Vater was gibt es?" Er ist außer Atem.
„Ist Dir auf der Baustelle etwas aufgefallen?"
„Heute Morgen war ein Teil der Fenster zur Krypta mit Holz zugestellt."
„ Ich hoffe, du hast es dort gelassen."
„Bis jetzt ja."
„Gut, diese Herren sind auch bauerfahren. Wer sie sind, ist vorerst ohne Belang. Sie befürchten für das Gewölbe der Krypta, sollte der Frost es erreichen, großen Schaden. Wir wollen erörtern, was zu tun ist."
„Sehr wohl, Ehrwürdiger Vater."
Peter Fischer erkundigt sich:
„Habt Ihr genug Brennholz im Kloster?"
„Ja, die Menge reicht etwa für zwei Winter."

Heiner Voss wandte sich an den Abt:

„Holzkohle wäre besser, es schwärzt das Gewölbe nicht. Habt Ihr in Eurem Kammerforst einen Köhler? Hat er Vorrat?"

„Ein Köhler ist dort, bei Hehn."

„Gut, ist ein schneller Reiter in der Lage dafür zu sorgen, dass zunächst eine Fuhre heute noch hier eintrifft? Sonst müssen wir mit Holz arbeiten."

„Mit den Hehnern besteht eine gegenseitige Verpflichtung schon von Alters her und sie sind uns gewogen. Aber wenn die Fuhre heute noch eintreffen soll, musst Du das selbst übernehmen Matthäus Lotarius. Nimm mein schnellstes Pferd und eile."

Peter Fischer:

„Bruder Matthäus Lotharius, reitet bei Eurem nächsten Schmied vorbei und beauftragt ihn, bis heute Abend drei Feuerkörbe aus Eisen zu fertigen und zu liefern. Die stellen wir dann in der Krypta auf. Ich hoffe, wir bekommen dann soviel Wärme, um den Frost vom Gewölbe fernzuhalten."

Matthäus Lotharius drehte sich um und ging.

Abt Dietrich erhob sich aus seinem Sessel:

„Ihr bringt Aufregung in unser Leben, ist das bei Euch auch so?"

Peter Fischer rümpft die Nase:

„Über dieses Thema sollten wir besser nicht sprechen."

Der Abt zieht erneut die Glockenschnur:

„Ich lasse Euch jetzt von Frater Renaldus de Luzo Eure Unterkunft zeigen und bitte Euch hernach mit mir zu speisen. Jetzt habe ich andere Verpflichtungen."

Er nickt uns zu und sagt zu Renaldus de Luzo:

„Richte dem Koch aus, ich werde heute nicht mit den Brüdern, sondern hier mit meinen Gästen speisen."

Wir folgen Bruder Renaldus über einen langen Flur, von dem aus man in den Innenhof der Abtei sehen kann, in eine geräumige Kammer mit zwei Betten.

„Ich geleite Euch in einer Stunde in das Esszimmer des Ehrwürdigen Vaters. Hier könnt Ihr etwas ruhen."

Er geht in den hinteren Bereich des Zimmers und macht sich an einem Kamin zu schaffen, der bereits zum Anzünden vorbereitet ist. Peter Fischer, der ebenso wie Heiner Voss seit vielen Stunden unter der ungewohnten Kälte leidet, ist sofort neben ihm. Er nimmt ein Feuerzeug aus der Tasche und entzündet einen Holzspan und damit das trockene Holz. Bevor der völlig verdutzte Renaldus eine Frage stellen kann, kam ihm Peter Fischer zuvor:

„Sagt, de Luzo, seid Ihr ein Abkömmling der Luzo, die seinerzeit ein Gut in Lützerath an die Abtei verkauft haben?"

„Sehr wohl mein Herr, das ist über 90 Jahre her, Goswin Luzo war mein Ururgrossvater."

Verwirrt und staunend über das schnelle Feuer im Kamin und die Kenntnisse über seine Familie, zieht sich der Novize zurück.

Heiner Voss bemerkt schmunzelnd:

„Wir sollten hier nicht als Zauberer auftreten".

„Es war mehr mein Bedürfnis nach Wärme."

„Wenn wir uns jetzt hinlegen, stehen wir sobald nicht wieder auf. Dort auf der Kommode steht eine Waschschüssel mit einem Krug Wasser, wir können uns etwas erfrischen."

Peter Fischer sieht auf seine Uhr:

„Ist ja wohl klar, meine Funkuhr ist stehen geblieben,

wie spät ist es eigentlich?"

„Ein Glück, ich habe eine einfache Uhr, es ist kurz nach 11.00 Uhr. Jetzt spürt man bereits die Wärme.

Das tut gut.

Beim Abt war es auch nicht so kalt, obwohl in dem Raum kein Kamin ist."

Sie gehen nun an das Fenster und blicken in Richtung Westen. Weit ins Grüne könnte man von hier sehen, wenn sie zu einer anderen Jahreszeit hier aufgetaucht wären.

Unter ihnen am Fusse des Hanges nehmen sie einen ungepflasterten Weg wahr, der einmal die Weiherstraße sein würde. Auf der anderen Seite des Weges, hinter einer Pumpe, liegen einige Fachwerkhäuser. Über die Dächer schimmert ein Weg in der frostigen Sonne. Nach Nordwesten, in etwa zweihundert Meter, ragt ein größeres Gebäude mit einem schön gestalteten Giebel hinter laublosen, winterlichen Obstbäumen hervor. Das scheint das Gasthaus, das Armenhaus der Abtei sein.

Peter Fischer beugt sich ganz vor, um weitgehend nach Norden sehen zu können:

„Die Neustraße, an der ich wohne, ist noch gar nicht vorhanden, nur Gartenland."

Er geht zum Kamin und legt Holz in die Glut. Sie versinken in Gedanken.

Die Wärme des Feuers tut gut. Sie sie sind ziemlich erschöpft und hungrig.

Kapitel II

in dem sie mit Abt Dietrich 'sub rosa' speisen, Informationen über Weltgeschehen und Religionen austauschen und mit Bruder Matthäus Lotharius den Plan zur Rettung der Krypta umsetzen

Peter Fischer ist, wie er glaubt, gerade erst eingeschlafen, als Frater Renaldus wieder an die Zimmertür klopft. Es dauert eine Weile, bis auch Heiner Voss in die Wirklichkeit zurück findet. Als sie nicht reagieren, geht der Novice hinein und weckt sie.

Verwirrt und niedergeschlagen tauchen sie vollends in die Realität.

Hatten sie das alles nicht nur geträumt?

„Der ehrwürdige Vater erwartet Euch zum Essen."

Das Wasser aus dem Krug ist eine Erfrischung. Sie legen noch ein paar Holzscheite in die Glut des Kamins und folgen dem Mönch. Mäntel und den Scheinwerfer lassen sie in ihrem Zimmer zurück.

Peter Fischer wendet sich an Renaldus:

„Frater Renaldus, würdet Ihr bereit sein, das Feuer weiter zu versorgen?"

„Sehr gern."

Renaldus führt sie über den umlaufenden Kreuzgang um das Geviert zurück. Sie spüren, es ist um diese Mittagszeit nicht mehr ganz so kalt. Unten im Innenenhof fällt ihnen eine Zisterne auf, die aber noch vereist ist.

Das geräumige Esszimmer des Abtes liegt neben seinem Arbeitszimmer. An der Zwischenwand ist ein mächtiger Kamin beheizt, der Grund, weswegen auch im Arbeitszimmer eine angenehme Temperatur ist.

„Ich bitte Euch zu Tisch."

Abt Dietrich kommt gerade durch die Zwischentür aus seinem Arbeitszimmer, stellt sich an seinen Platz an der Stirnseite des schweren Eichentisches und weist auf die Plätze links und rechts von sich.

Stehend spricht er ein langes Tischgebet, indem er Gott dankt, mit diesen Gästen speisen zu dürfen.

„Oculi omnium in te sperant, Domine, et tu das illis escam in tempore opportuno." (Aller Augen warten auf dich, Herr, und du gibst ihnen Speise zur rechten Zeit.)

Er drückt die Hoffnung aus, dass er irgendwann begreifen werde, was ihm seine Gäste über ihre Herkunft gesagt haben.

Als sie Platz nehmen, fällt Heiner Voss auf, dass er ähnliches Geschirr und Besteck schon einmal im Museum Schloss Rheydt gesehen und dass die Gabel des Essbestecks nur zwei Zinken hat.

Renaldus kommt ins Speisezimmer und legt neues Holz in die Glut des Kamins. Dann trägt er einen Krug mit Weißwein auf den Tisch.

„Renaldus, gib jetzt dem Koch Bescheid."

„Sehr wohl, ehrwürdiger Vater."

Bruder Renaldus entfernt sich.

„Warum wir hier zunächst unter uns speisen, sozusagen sub rosa, will ich Euch sagen.

Ich fürchte, dass einige Euerer Informationen von einigen meiner Brüder nicht richtig verstanden werden könnten. Habe ich doch selbst schon meine Schwierigkeiten damit. Gleichwohl bin ich sehr interessiert an Informationen aus zukünftiger Zeit, obwohl ich schon gelernt haben müsste, meine Begierden zu zügeln. Es

scheint mir daher besser, uns zunächst einmal auszutauschen, bevor ich Euch dem Konvent vorstelle."
Also fährt er fort:

„Seit etwa über einem halben Jahrhundert beobachten wir eine Veränderung in der Welt. Auf meinen Reisen, besonders im Westen, habe ich die Entwicklung der Bevölkerung in den Städten gesehen, die Zunahme von Handwerk und Handel, aber auch die Ausdehnung des Landanbaues, das Verhauen der Wälder, um Ackerland zu gewinnen.

Das alles geschieht in zunehmendem Ausmaß. Seit etwa hundert Jahren ist die Bevölkerung wie nie zuvor in einem Wachstum begriffen. Wir sehen es an unseren Kirchenräumen, die in dieser Zeit gebaut wurden und auch sich noch im Bau befinden.

Hier in Gladebach sind wir freilich noch weit von diesen Entwicklungen entfernt.

Aber wir sind erfreut über die Möglichkeiten der Baukunst und staunen über den Geist und die Bereitschaft der Menschen, solche Kathedralen wie in Frankreich jetzt in Köln zu bauen.

Neue Formen wurden bald nach 1200 sichtbar. In Chartres kann man den Epochewandel am Neubau der Kathedrale sehen. Figuren der Großplastik sind von Weinstöcken und Rosenbüschen umrahmt. Eichen und Ahorn treiben Knospen, Blumen wachsen aus dem Hintergrund hervor. Beispielsweise symbolisieren Rosen im Schnitzwerk von Beichtstühlen Verschwiegenheit. So hat alles in gewissem Sinne eine tiefere Bedeutung. Die bisher nicht gekannte Naturnähe sucht nach Möglichkeiten, die Natur und ihre Ausdruckformen in die Darstellungen mit einzubeziehen.

Weinreben und Eichenlaub und der Bezug zur Haartracht eines Mannes im Vergleich zu Ausschmückungen an Kapitellen der Münsterkirche (Darstellung eines metamorphoseartigen Wandlungsprozess in Stein von Villard de Honnecourt, sein Muster- und Vorlagenbuch

In den Schulen heute pflegt man das Nachdenken über die Distanz zwischen dem ewigen Werk des Schöpfers und dem vergänglichen Tun des Menschen (meine Schulen waren die in Chartre und Paris).

Es erfreut mich auch von Euch zu hören, dass mein Lebenswerk, der Traum vom himmlischen Jerusalem nicht nur in Erfüllung gehen wird, sondern auch in Eurer Zeit, wie Ihr sagt, in ihrer Bedeutung erkannt wird.

In dem Wandel, der jetzt in der Welt erkennbar ist, verbirgt sich noch mehr. Der Antichrist ist auch am Werk. Wir wissen nicht, was uns erwartet.

Ihr die Ihr Euch in der Geschichte auskennt, wisst viel über uns und mir erscheint Ihr als Propheten.

Was meint Ihr dazu?"

Die Gäste sehen sich lange an, dann antwortet Peter Fischer:

„Ehrwürdiger Abt, genau diese Rolle, möchten wir nicht spielen. Wir befürchten, dass das Gewicht der Informationen Euch erschlagen könnte. Alles was wir sagen werden, wird Euch prophetisch klingen. Wir sind aber noch nicht vorbereitet auf diese Situation.

Nach dem ersten Schrecken, den wir durchlebt haben gestern Abend und dem technischen Problem, welches wir hoffen, in ungefähr einer Woche lösen zu können, haben wir Hoffnung, etwas mehr über Eure Zeit zu erfahren. Vieles, was bei Euch geschieht, ist nämlich in den Wirren der unruhigen Zeiten verloren gegangen. Gleichzeitig ist es uns eine besondere Freude, Euch weitere Informationen geben zu können."

Heiner Voss:

„Seit der Zeit, also etwa seit dem Beginn Eureres Jahrhunderts, Ehrwürdiger Abt, hat es nie wieder

so produktive gesellschaftliche Kräfte gegeben.
Darüber hat ein berühmter Baumeister unserer Zeit namens Le Corbusier 1937 in seinem Buch 'Als die Kathedralen weiß waren' geschrieben. Die Anwendung einer neuen, wunderbaren und verrückt - tollkühnen Technik, die zu überraschenden Formsystemen führte, das stellen wir ja hier bei Euch fest. Sie drückt einen Geist aus, der mit den Regeln der tausendjährigen Tradition bricht und der nicht zögert, Eure Zivilisation und Kultur in ein unbekanntes Abenteuer zu führen.
Le Corbusier drückte mit dem Begriff seiner weißen Kathedralen aus, dass sie etwas Neues waren. Inzwischen ergraut, stellen sie immer noch 'Wolkenkratzer Gottes' dar.

Die meisten Europäer leben in Städten und Dörfern, die schon zu Lebzeiten des heiligen Thomas von Aquin bestanden. Im Verlauf Eurer letzten zweihundert Jahre wurden Wunder vollbracht und Europa hat sich verändert."

Abt Dietrich bemerkt den Eintritt des Kochs:
„Ah, da kommt Bruder Andreas de Fleck, mein bester Koch, obwohl ich Euch um Verständnis bitten muss, dass wir uns zur Zeit sehr einschränken, Ihr kennt unsere Situation. Was trägst Du uns auf, Andreas?"

„Ein Grünkohlgericht mit einem Kaninchenbraten, Ehrwürdiger Vater."

„Das klingt gut, unsere Gäste haben sicher großen Hunger. Schenkst Du uns auch Wein ein?"
An uns gewendet, meint er:

„Einen 1254er aus unserer Probstei Buchholz, ich hoffe er mundet Euch."
Heiner Voss:

„Wir sind gespannt, Ehrwürdiger Abt."

Als die Gläser gefüllt sind, erheben sie sich und Peter Fischer ergreift das Wort:

„Ehrwürdiger Abt Dietrich, wir sind Euch zu außerordentlichem Dank verpflichtet für die gastfreundliche Aufnahme bei Euch. Wir hoffen, uns erkenntlich zeigen zu können in der Zeit unseres Hierseins."

Der Abt antwortet:

„Ich glaube, Ihr habt uns heute Morgen schon mit Rat und Tat auf der Baustelle in erheblichem Umfang geholfen und ich hoffe, dass es uns bis heute Abend gelingt, einen schlimmen Schaden am Kryptagewölbe zu verhindern."

Er setzt sich zu Tisch und wir folgen seinem Beispiel.

Das Essen ist ausgezeichnet. Wir haben lange nicht so gut gegessen. Peter Fischer bemerkt dies und Heiner Voss lobt den köstlichen Wein.

Danach greift er das Gespräch wieder auf:

„Ihr meintet eben voller Sorge, dass der Antichrist in Zukunft Unheil anrichten werde, Ehrwürdiger Abt. Nun, das wird er zweifellos. Aber hat er nicht auch schon in der Vergangenheit viel Böses angerichtet? Nehmen wir nur den 4. Kreuzzug, den Inozenz III ausgerufen hat.

Statt den Auftrag in Jerusalem zu erfüllen, haben diese Herren die Glaubensbrüder in Byzanz attackiert und aus reiner Gewinnsucht Konstantinopel erobert und geplündert. Das ist gerade mal ein halbes Jahrhundert her.

In allen Zeiten scheint das Problem der Gewinnsucht des Menschen die große Rolle des Antichrist gewesen zu sein. In der Zeit, aus der wir zu Euch kommen ehrwürdiger Abt, hat dieses Phänomen solche Ausmaße angenommen, dass die Gier gerade bei den Menschen mit dem höchsten Einkommen am größten ist. 'Exzessive Reichtumssucht Weniger' könnte man es nennen.

Wohl wird in etwa einem halben Jahrhundert Eurer Zeit sogar ein Papst, der dann in Avignon residieren wird, selber der Prunksucht verfallen und zum 'Geldzähler' werden. Und die Mehrzahl der Menschen Eurer wie unserer Zeit werden am Existenzminimum leben müssen.

Ich will Euch in knapper Form eine vor einigen Jahren bei uns veröffentlichte Geschichte erzählen. Sie wurde von einem Schriftsteller namens Jorge Bucay, geschrieben.

Er schildert in seinem Buch eben dieses Phänomen des 'Kreises der Neunundneunzig', die meiner Meinung nach vom Antichrist erfunden wurde:

Die Geschichte handelt von einem König, der sich über seinen immer glücklichen und freundlich aufgelegten Kammerdiener wundert und ihn eindringlich befragt, wie es komme, dass er immer eine so heitere Ausstrahlung habe.

‚Es gibt kein Geheimnis Majestät', sagt dieser.

Nach langem Hin und Her befragt der König einen seiner Weisen. Dieser antwortet ihm, der Diener befände sich außerhalb des Kreises. Außerhalb des Kreises der Neunundneunzig.

‚Lasst ihn freiwillig in den Kreis eintreten. Er wird es tun. Lasst ihm einen Beutel mit genau neunundneunzig Goldstücken zukommen.

Wohl werdet Ihr dann aber Euren Pagen verlieren.'

Gesagt getan, der Page wunderte und freute sich zunächst über den Beutel voll Gold. Dann begann er zu zählen und entdeckte, dass an der vollen Zahl hundert eine Münze fehlte.

Er dachte darüber nach, wer ihn wohl betrogen habe.

Dann schmiedete er Pläne, wie es ihm gelingen könne, den Betrag mit der Zahl hundert abzurunden. Er würde dafür mehrere Jahre schwer arbeiten müssen und anderes mehr.
In den nächsten Monaten beobachtete der König seinen Pagen und stellte fest, dass dieser bei seiner Arbeit nur noch missmutig und gereizt war. Nach einiger Zeit musste er ihn deshalb entlassen.
Sagt, ist hier nicht das Wirken des Antichrist zu erkennen?
Aber wie auch immer, ohne das Böse, das Schlechte in der Welt gibt es auch nicht das Gute."
„Das ist so eine Geschichte...
Radix malorum est cupiditas. Nicht das Geld an sich ist die Wurzel allen Übels, sondern die Gier danach: cupiditas. Sagt mir, was wird das für ein Papst sein, den Ihr erwähntet?"
„Johannes XXII.
Aber zurück zu den Kreuzzugsideen. Sie sind vielen Menschen ein Gräuel. Seht Ihr das auch so?
Sie scheinen sich in der Menschheit nicht ausmerzen zu lassen. Bis in unsere Zeit hinein wird fundamentalistisches Gedankengut, die Vorstellung, 'ich bin im Recht und weiß um das Heil', nicht abzulegen sein.
In unserer Zeit sprengen Menschen sich selbst in die Luft, um möglichst viele so genannte Ungläubige zu töten und erhoffen sich damit im Himmel unter Jungfrauen aufzuwachen. Ich glaube, diejenigen, die den Leichtgläubigen so etwas einreden, werden große Schuld auf sich laden."
Der Abt schweigt eine Weile.
Dann meint er:
„Seit dem Schisma ist schon einige Zeit vergangen

und jetzt schlagen wir uns mit Abweichlern herum..."
Peter Voss fährt fort:
„Die institutionalisierten Religionsgemeinschaften kommen wegen der Starrheit ihrer Lehren bei vielen Menschen immer mehr in Verruf. Gleichzeitig suchen andere die Sicherheit in festgefügten Anschauungen.

Jede Religion, die in Gesetzlichkeit erstarrt, verliert im Laufe von Jahrhunderten ihre Kraft. Was die christlichen Kirchen betrifft, so muss ich einfügen, wird es weitere Glaubenskriege und Schismen geben, weil immer wieder mal Menschen erkennen, dass dieser Jesus von Nazareth ganz andere Vorstellungen vom Zusammenleben untereinander gehabt hat.
Auch hat er in seiner Zeit gegen die Auswüchse seiner Religionsgemeinschaft gewettert und es schwebte ihm bestimmt nicht diese Kirche vor, die bis in unsere Zeit seine Vertretung auf Erden in Anspruch nehmen will."

Sie reden noch eine Zeit über zukünftige Veränderungen des Welt- und auch des Gottesbildes ohne jedoch zu viele Einzelheiten der weiteren Geschichtsentwicklung und zu erwartenden Weltveränderungen zu erwähnen. Sie deuten auch zukünftige Aufklärungsgedanken und Philosophien an.
In ein paar hundert Jahren werde man erkennen, dass die Welt aus vielerlei möglichen Welten bestehe und dass im Unendlichen eine Vielfalt in der Einheit besteht, und auch, dass alles in Bewegung ist. Das ebenso klar wird, dass das Eine immer als Ursache des Anderen begriffen werden muss und dass im Größeren noch Größeres und im Kleinen noch Kleineres zu finden sein wird.
Letztlich besteht alles auf dem Prinzip einer universel-

len Harmonie.

Dietrich verinnerlicht jedes Wort und lauscht ihnen wie ein Schüler. Er fängt an, etwas von einem universellen göttlichen Prinzip zu verstehen, Gedanken, die er bisher nicht kannte. Sie öffnen ihm die Welt für ein zukünftiges Denken. Aber warum sprechen sie von Universum und nicht von Multiversum?

Er lauscht dem knisternden Feuer im Kamin und antwortete erst nach einer Weile:

„Dachte ich es mir doch, dass es nicht gut sein würde, zu diesem Gespräch meinen Prior oder andere Brüder hinzuzunehmen. Es gibt auch hier diesbezüglich strengere Geister. Schon wie Ihr über Religionsgemeinschaften sprecht...

Seit zwei Jahrhunderten gibt es die Abweichler der Katharer, der Bogomilen, der Waldenser, Apostoliker, Beginen und Begarden usw. Wo soll das nur hinführen? Selbst in unserem provinziellen kleinen Gebiet erwartet man von mir, unseren Pächtern inzwischen diesbezüglich die Klausel, sie mögen bei ihrer herkömmlichen Religion bleiben, in ihre Pachtverträge hineinzuschreiben. Dass dies nötig wurde, zeigt wie weit wir gekommen sind.“

Dann wendet er sich an Peter Fischer:

„Ihr spracht über fundamentalistisches Gedankengut. Es kann doch nicht schlecht sein, fundamental über den Glauben informiert zu sein. Was habt Ihr dagegen?“

„Der Begriff Fundamentalismus ist erst in unseren Zeiten inhaltlich verändert worden. Hier und jetzt empfindet Ihr noch als selbstverständlich, was in späteren Zeiten durch eine lange Phase der Aufklärung zu einer erneuten Säkularisierung der Welt führen wird.

Es geht mir dabei um die sogenannten Glaubenswahrheiten. Es wird immer mehr erkannt, dass Wahrheit etwas Subjektives ist und in diesem Sinne respektiert werden sollte.

Aber der von Euch beobachtete Wandel, ehrwürdiger Abt, eben auch über die Entwicklung des Menschen, man kann die Beobachtung fortführen bis in unsere Zeit, die Flucht aus der Ohnmacht in die selbstbestimmte Freiheit, birgt ebenfalls Probleme in sich.
Lange Zeit hatten sich die Menschen in ihrer Gotteskindschaft geborgen gefühlt. Sie konnten darauf verzichten, die Welt genau zu erforschen und ihr Leben zu berechnen.

Die Prädestinationslehre des hl. Augustinus war Ausdruck dieser ergebenen Lebenseinstellung. Sie besagte, dass jedes menschliche Schicksal durch göttlichen Ratsbeschluss vollständig vorherbestimmt ist. Es sei nicht die Sache jedes Einzelnen, sich die göttliche Wahrheit durch Einsicht anzueignen. Dies habe durch den Glauben zu geschehen. Aber wie geht es weiter?

Ein bekannter Arzt unserer Zeit, Horst Eberhard Richter, hält den lange Zeit als großartige Selbstbefreiung gepriesene Schritt des Menschen Eurer Zeit in die Neuzeit im Grunde für eine neurotische Flucht aus narzisstischer Ohnmacht in die Illusion narzisstischer Allmacht.

Verlassen wir einmal den religiösen Bereich und wählen Beispiele aus der Wissenschaft, in der wir dann vielleicht etwas emotionsloser diskutieren können, ohne über unsere Vorstellungen von der Transzendenz zu sprechen.

In der Astronomie und in der Physik ist man zu Erkenntnissen gekommen, die ungeheuerlich sind.

Das Weltall hat eine für den Menschen mit seinen Sinnen letztlich nicht begreifbare Unendlichkeit. Die Erde ist darin nur ein kleiner Planet in einem kleinen Sonnensystem, wovon unzählige existieren und alle sind in Bewegung und das Weltall dehnt sich zudem immer weiter aus...
Schon diese Aussage ist nach den Vorstellungen der Kirche Eurer Zeit eine Sünde, weil das christliche Weltbild den Menschen in den Mittelpunkt gestellt hat. Man wird noch in vielleicht 350 Jahren ob solcher Erkenntnisse über die Unermesslichkeit des Weltalls einen Giordano Bruno auf den Scheiterhaufen bringen.

Aber auch jetzt und in Vorzeiten gibt und gab es schon Menschen, die sich mit diesem Wissen und Weisheiten beschäftigten.

Und was die Physik betrifft: Wenn man in die Lehre über die kleinsten Teilchen einsteigt und erfährt, dass also in allem, was uns umgibt, in der Welt der Atome und in jedem festen Gegenstand, alles in Bewegung ist und ein Mikro-Kosmos existiert, den wir mit unseren Sinnen nicht wahrnehmen können. Woher nehmen wir dafür die Sicherheit, die Gewissheit einer absoluten Wahrheit?
Ihr könnt es nicht wissen, die römische Kirche in unserer Zeit hätte es gewiss wohl auch noch am liebsten, dass die Erde eine Scheibe ist, obwohl Päpste des 21. Jahrhunderts mit Flugmaschinen bereits mehrfach um die Erde geflogen sind, um ihre Gläubigen zu besuchen."

„Was soll ich dazu noch sagen", der Abt überlegte vor sich hin, „wenn die Wahrheit, wie Ihr sagt, so schwer zu fassen ist, was hat dann noch Bestand?
Stellt Ihr letztendlich die Erschaffung der Welt, wie sie

in der Schöpfungsgeschichte beschrieben wird, auch in Frage?"

„Ja und nein. Etwa 150 Jahre vor uns hat man entdeckt, das alles Leben auf dieser Erde vor ca. 3,5 Milliarden Jahren begonnen hat, auf der Basis von Nukleinsäuren, die die gleichen lebenstypischen Makromoleküle verwenden. So entwickelte sich aus dem Einfachen das immer Komplexere.

Pflanzen und allerlei Getier, welches sich weiterentwickelte und welches in Sackgassen geriet und wieder ausstarb, über ganz lange Zeiten, bis irgendwann vor ganz kurzer Zeit, sagen wir, einer Million Jahren, der Mensch sich immer mehr dazu entwickelte, was er heute ist. Und auch heute wandelt sich alles immer noch. Vieles spricht dafür, dass auch der Mensch noch nicht die letzte Entwicklung der Evolution ist.

Wie aber das Leben in diesem Prozess ablaufen konnte, wissen wir nicht. Gottes Wirken in der Schöpfungsgeschichte, sagt man, ist bis heute wirksam.

In Zweifel stellt man, dass dies irgendwann in einem Zeitraum von 7 Tagen geschehen sei.

Man kann die 7 Tage auch als 7 Zeiteinheiten verstehen. Religion und auch das Gottesbild, dass wir uns machen, sind immer einem Wandel unterworfen, um zu dem Wandel von dem Ihr spracht, Ehrwürdiger Abt, zurück zu kehren."

„Da gibt es für mich viel Nachdenkenswertes."

Er sah uns lange an.

Heiner Voss wechselte das Thema:

„Vor vier Stunden ist Bruder Matthäus Lotharius aufgebrochen, wann können wir ihn zurück erwarten?"

„Mir scheint, Ihr kommt wirklich aus einer anderen

Zeit. Die Gemächlichkeit ist nicht Eure Stärke."

„Nun, es geht hier immerhin um das Gewölbe der Krypta. Der Frost hat zwar um die Mittagszeit etwas nachgelassen, aber für die nächste Nacht mache ich mir Sorgen. Eine Wetteränderung ist nicht in Sicht."

„Ihr habt Recht.

Ich rechne in nächster Zeit mit seiner Rückkehr. Wenn er nichts erreicht hätte, wäre er vermutlich schon zurück. Aber sagt, vermute ich richtig, Ihr wohnt also auch hier im Ort, weil Ihr Euch so gut auskennt?"

„Peter Fischer wohnt in unserer Zeit ganz in der Nähe der Abtei auf einer Straße, die, wie wir mit Blick aus unserem Gästezimmer feststellten, noch nicht existiert, hier gleich am Westhang.

Mein Haus ist in unmittelbarer Nähe Eures Engelshofes, der allerdings in unserer Zeit nicht mehr vorhanden ist.

Wir wussten ja schon, wie klein der Flecken Gladebach sein würde, aber ihn mit eigenen Augen zu sehen, ist schon verwunderlich.

Wenn wir Euch bekannt geben, wie diese Stadt zu unserer Zeit aussieht, über 260000 Einwohner einschließlich Wickrath, Dahlen, Rheydt, bis Hardt und im Norden weit über das Kloster der Damen von Neuwerk hinaus, dann zeigt sich hier, wie in der ganzen Welt, eine Entwicklung, die doch auch für uns erschreckend ist. Zwar wächst Mönchengladbach, wie wir in unserer Zeit sagen, obwohl Mönche nicht mehr vorhanden sind, nicht wesentlich weiter. Aber die Zeiträume in denen sich die Weltbevölkerung jeweils verdoppelt hat, wurden immer kürzer. Seit meiner Jugend hat sich die Gesamtbevölkerung der Erde auf über 6,6 Milliarden Menschen verdoppelt. Aber dieser Prozess scheint sich

doch zu verlangsamen."
„Meine Güte, haltet ein, ich glaube diese Informationen erschlagen mich."

Er stand auf und geht an ein Fenster.
„Ich sehe, Bruder Matthäus Lotharius ist zurück. Ein Knecht führt gerade das Pferd in den Stall. Ich bitte Euch, seit mit Euren Informationen zurückhaltend, sie verwirren zu sehr."
Es klopft an der Tür und Matthäus Lotharius tritt ein.
„Nun, was habt ihr erreicht?"
„Eine Fuhre Holzkohle ist unterwegs und wird in etwa einer Stunde hier sein. Eine weitere Fuhre habe ich für morgen geordert. Ehrwürdiger Vater, ich möchte jetzt noch den Schmied Goswin oben am Markt aufsuchen, dem ich den Auftrag für die Feuerkörbe gab."
„Ich nehme an, dass die beiden Herren hier Euch gerne begleiten möchten, um sich etwas umzusehen. Gehe ich recht in dieser Annahme?"
Peter Fischer ist begeistert und Heiner Voss stimmt ebenfalls zu:
„Würde unsere Begleitung Euch etwas ausmachen, Bruder Matthäus Lotharius?"
„Mitnichten, es ist mir eine Freude."
Heiner Voss wendet sich an Abt Dietrich:
„Würdet Ihr uns die Erlaubnis erteilen, im Laufe unseres Hierseins auch die klösterlichen Betriebe, das Skriptorium und die Bibliothek zu sehen?"
„Ich sagte es anfangs schon, Ihr könnt Euch frei im Kloster bewegen, ich bitte Euch nur, den Klausurbereich der Brüder zu respektieren."

Sie nehmen Bruder Matthäus Lotharius in ihre Mitte

und gehen den Berg hoch zum Marktplatz.

Es erstaunt sie zunehmend, wie wenig Häuser hier stehen. Links sehen sie einige Fachwerkhäuser und rechter Hand erstreckt sich der Pfarrgarten, dahinter ist an höchster Stelle die kleine Pfarrkirche.

Sie fragen Matthäus Lotharius nach dem Namen des Weges. Er zuckt mit den Schultern und bemerkt, dass man hier immer nur von 'Am Berge' spreche.

Der Markt besteht aus einer ungepflasterten Fläche, die von vereinzelten Häusern umgeben ist. Sie sehen das Haus eines Schusters und daneben ein Haus, dass aufgrund des im Hinterhof lagernden Materials einem Zimmermann gehören muss. Gegenüber finden sie den Bäcker des Ortes und das Haus eines Brauers mit Schankstube.

Dann kommen sie zu Goswin dem Schmied.

Matthäus erklärt, dass der mindestens schon in der dritten Generation Goswin heiße.

Als sie um das Vorderhaus in den Hof biegen, bemerken sie Goswin. Er steht an der Esse und holt einen glühenden Bolzen mit einer Zange aus der Glut, den er durch zwei sich kreuzende Bandeisen steckt und sofort auf dem Amboss mit einem schweren Hammer bearbeitet.

Drei eiserne Feuerkörbe hat er bereits neben sich stehen.

„Grüss Gott Goswin, wie weit seid Ihr mit unserem Auftrag?"

Er mustert die Besucher, dann sagte er:

„In einer Stunde stehen die Körbe in Eurer Krypta."

„Gut, fürs erste, aber ich glaube, es wird nicht reichen", halb zu uns gewandt bemerkt Bruder Matthäus Lotharius, „fertigt noch drei weitere an und liefert so schnell ihr könnt."

„Sehr wohl."

Sie machen sich auf den Rückweg. Jetzt erst entdecken sie den Brunnen, der wohl in der gleichen Weise gebaut ist, wie der Brunnen im Kloster.

Von hier haben sie den Blick auf den Abteiweiher. Auf der anderen Seite des Weihers, nahe am Ufer, liegt der Knopshof. Wenn sie den Hang des Abteiberges entlang peilen, können sie etwas vom Ufer ab, den Widdumshof sehen. Bruder Matthäus Lotharius erklärt ihnen, dass dies der alte Hof der Pfarre ist.

Dahinter steigt ein Weg leicht an, der sich über die Anhebung zwischen Büschen und Feldern verliert.

Das ist der Weg nach Holt, wie Heiner Voss bemerkt.

Sie begeben sich sofort in die Krypta und untersuchen das Gewölbe. Die Decke ist noch nass und nicht gefroren. Aber die Kälte zieht jetzt, am Nachmittag, wieder stärker herein.

Peter Fischer sorgte sich:

„Lasst uns die Fenster nach Nordosten hin noch besser abdichten, gestern Abend haben wir nur unzulänglich gearbeitet."

Sie machen sich daran, Material zum Abdichten zu suchen und die Fenster soweit wie möglich zu verschliessen. Die beiden südlichen bleiben aber als Rauchabzug offen. Außerdem wird die Wärme auch die Treppen hoch in die Kirche abziehen.

Dann hören sie ein Pferdefuhrwerk in den Klosterhof rumpeln. Bruder Matthäus Lotharius dirigiert den Fuhrmann Frickus, genannt de Schürger aus Hehn, nahe an das dritte vordere Südfenster und weist den

Fuhrmann an, zum Fenster hin abzuladen. So kann man auf dem kürzesten Weg die Holzkohle in die Krypta schaufeln.

Als der Fuhrmann gerade den Klosterhof verlassen hat, kommt Goswin mit den Feuerkörben.

Er hilft ihnen die Körbe in die Krypta zu tragen und sie stellen jeweils unter einen Bogen zwischen den Gewölben einen Korb auf. So kann sich die aufsteigende Wärme jeweils in zwei Gewölbe teilten. Sie stellen fest, dass es richtig war, noch drei weitere Feuerkörbe zu bestellen.

Dann füllen Sie die Körbe und zünden die Holzkohle an. Goswin hatte als Fachmann in solchen Dingen daran gedacht, einen Blasebalg mitzubringen. Damit geht es leichter, die Glut anzufachen. Sobald der erste Korb bereits richtig glüht, verteilen sie Glut in die anderen Körbe und füllen den ersten neu auf. Sie spüren sofort die Wärme, die sich hier unten ausbreitet.

Als sie wieder nach oben kommen, bemerken sie die einsetzende Dämmerung.

Es ist wieder richtig kalt geworden.

Matthäus Lotharius richtet seine Schritte nach rechts mit der Bemerkung, er müsse jetzt Sorge tragen, dass die Feuer weiter beobachtet und in Gang gehalten würden. Er habe die Hoffnung, dafür einige Brüder zu finden; denn einerseits sei das mal eine Abwechselung für sie und andererseits sei es dort unten schön warm. Das Dormitorium, der Schlafsaal der Mönche, sei nämlich nicht beheizt.

Dormitorium und Refektorium liegen direkt rechts neben dem Neubau des Chores. So haben die Mönche nur einen kurzen Weg zum Ort ihrer häufigen, auch nächtlichen Gebetsstunden.

Heiner Voss und Peter Fischer gehen gerade durch den Kreuzgang. Von den Werkstätten des Klosters auf der anderen Seite des Klosterhofes sehen sie einzelne Mönche in Richtung Refektorium gehen. Auch im vorderen Bereich des Klosters, wo ihr Zimmer liegt, verlassen Mönche ihre Wirkungsstätten. Es müssen wohl die Schreiber und Kopisten sein, die aus dem Skriptorium kommen.
Im Kreuzgang der ersten Etage sehen sie Abt Dietrich mit einem großen Buch die Bibliothek verlassen. Als sie näher kommen, übergibt er einem älteren Mönch, der hinter ihm aus der Türe kommt, das Buch mit der Bemerkung:

„Conradus, legst Du mir den Griechen in mein Arbeitszimmer? Ach, ich stelle dir hiermit die beiden Herren vor. Sie möchten in den nächsten Tagen auch einmal bei Dir in der Bibliothek vorbei schauen, Peter Fischer und Heiner Voss. Meine Herren, das ist unser Bibliothekar, Bruder Conradus de Bechusen."
Sie nicken sich zu und der Abt fragt weiter:

„Wie steht die Sache in der Krypta?"

„Es ist bereits eine angenehme Wärme spürbar. Bruder Matthäus Lotharius organisiert gerade die Aufsicht für eine kontinuierliche Befeuerung."

„Na, wunderbar. Ich danke Euch. Ihr seht doch etwas ermüdet aus und solltet Euch jetzt zurückziehen."

Das Feuer im Kamin unseres Zimmers ist tatsächlich von Bruder Renaldus unterhalten worden. Auf dem Tisch steht zudem ein Krug Wein, Weissbrot und Käse.
Diese Nacht ist angenehm.
Sie schlafen bis in den hellen Morgen.

Kapitel III

in dem Abt Dietrich über das von der zukünftigen Welt Erfahrene nachdenkt und einen Traum hat

Theodericus, auch Theoderich oder in Gladebach Dietrich genannt, war erst vor ca. 6 Jahren zum Abt der Benedikinerabtei Gladebach gewählt worden.
Er ist eine Persönlichkeit von hohem Bildungsstand und Idealen, die er in der Regel auch durchzusetzen vermag. In seinem Arbeitszimmer sitzt er beim Licht einer Kerze und denkt über seine Vergangenheit und die Gegenwart nach.
Auf seinen Reisen und Studien in jungen Jahren hatte er zunehmend erkannt, dass die dunklen, fatalistischen Zeiten des frühen Mittelalters vorbei sind.
Im Rheinland geschieht dieses alles zwar mit einer gewissen Verzögerung; in Frankreich und anderswo lernte er jedoch das Staunen über einen Zeitgeist, der fast überall gleichzeitig, wo er auch hinkam, riesige Kathedralen aus dem Boden wachsen ließ.

Sah man bisher alles und jedes gesteuert von übernatürlichen Mächten, die die Geschicke der Menschen und der Natur in ihren Händen hielten, beginnt man nun den Lauf der Dinge, ja selbst Gott, mit neuen Augen zu sehen. Eine Christologie von oben, also die Lehren der Kirchenväter, ist zwar keineswegs in Frage zu stellen, aber ihm ist im Laufe seines Lebens klar geworden, gewaltsame Durchsetzungen und Kriege sind nicht der Weg im Sinne des Nazareners.

Und in der zunehmend sich entwickelnden Bewältigung der Welt durch die Wissenschaft will man die Vorgänge erklärbar haben und beginnt, Gesetzmäßigkeiten durch kontrollierbare Experimente festzustellen. In Frankreich, das erkennt Theoderich, ist längst ans Licht gekommen, was zu Hause, in der rheinischen Provinz erst langsam dämmert.

Die vielen gotischen Kathedralen stehen für diesen Zeitgeist. Vor allem schön gegliederte Formenvielfalt und eine neue Bedeutung des Lichtes, dass durch die großen Fenster erschlossen wird.

Für die Gelehrten an den Schulen in Paris und auch anderswo ist das Licht die Quelle all der sichtbaren Schönheit, ja selbst des eigentlichen Seins hinter allem Sichtbaren. Dabei ist das Licht selbst unsichtbar. Und obwohl es unsichtbar ist, hat es diese großartige Wirkung.

Das gotische Glasfenster bändigt das Licht und dient ihm zugleich.

Sagten seine beiden Gäste nicht auch, dass sie über ein besonderes Licht in diese Zeit zurückgekommen sind?

Er hatte auch in hatte Chartre gelernt und es hat ihn erstaunt, wie der Baukörper der Kathedrale sogar zu einem abgestimmten Klangkörper für die Musik werden kann.

Viele abgestimmte horizontale Linien innerhalb des Gebäudes, also die Höhe der Kapitelle, als zweite Linie darüber ein schmales Mauerband auf der Höhe des Triforiums, ein drittes Gesims über den Arkaden des Triforiums und endlich der Ansatz des Hauptgewölbes durch die Verbindungslinie der kleinen Kapitelle als die vierte Horizontale, stellen diesen Klangkörper dar.

Bis in die Höhe von 37 Metern wirkt der Raum im Sinne einer ‚geometrischen Tonleiter'.

Ein interessantes Thema! Haben wir nicht in unserer Bibliothek einen Band des Boethius, die *‚Institutio Musica'*, schon aus dem 6. Jahrhundert, in dem die Wechselwirkung von Philosophia, Mathematica und Musica beschrieben ist? Boethius war ein bekannter Gelehrter seiner Zeit und hatte sich zur Aufgabe gemacht, Platon und Aristoteles der lateinischsprachigen Welt zugänglich zu machen. Diese Arbeit blieb aber unvollendet, weil er wegen Hochverrats zum Tode verurteilt wurde.

Er will in das Buch bei Gelegenheit hineinschauen.

Seine Gedanken schweifen zurück.
Seit er Abt ist und der Neubau des Chores hier schon seit langem erforderlich ist, sieht er die Möglichkeit, seinen Lebenstraum, zumindest im Kleinen, zu verwirklichen. Er benötigte jedoch einen Baumeister, der hier im Rheinland solche Gedanken nachvollziehen kann.
Beim ersten Besuch bei seinem Erzbischof Konrad von Hochstaden in Köln hatte er auch den Baumeister des Kölner Doms, Gerhard von Rile kennen gelernt.
Seine Begeisterung über das Thema Bauen muss wohl den Baumeister beeindruckt haben und er traf deshalb einen Gerhard, dem in der komplexen Problematik in Köln bewusst war, dass dieser Bau nie zu seinen Lebzeiten fertig werden könne.
Ihn reizte die überschaubare Aufgabe eines kleinen gotischen Chores in Gladebach, bei dem er in einfachster Form darstellen kann, was in Köln zu seiner Lebensaufgabe geworden war. Es kam zu einem Einverständ-

nis.

Theoderich ist nach dem langen Gespräch mit seinen Gästen sehr nachdenklich geworden. Was er über den Wandel der Zeit weiß, von dem er durchdrungen ist und was ihn ja auch letztlich diesen gotischen Chor bauen lässt, selbst gegen den zunehmenden Widerstand des Konventes wegen Geldmangels, das bestätigen ihm seine Besucher.

Man darf die Welt nicht mehr so eng sehen.

Hat nicht dieser Peter Fischer über die Relativität und die Subjektivität der Wahrheit gesprochen und hat er nicht davon gesprochen, dass es auch in Vorzeiten schon Menschen gab, die sich mit diesen Weisheiten beschäftigt hatten?

Daher hatte er sich auch am Nachmittag aus der Bibliothek den 'Griechen' geholt.

Diese Gründlichkeit, mit der Aristoteles bereits an die Wissenschaft heran gegangen war.

Hatte man denn wirklich anderthalb Jahrtausende geschlafen?

Auch Plato hatte schon das Licht als den ‚Schöpfer der Sichtbarkeit aller unsichtbaren Dinge' bezeichnet.

In seinem ersten Zusammentreffen mit Meister Gerhard beim Erzbischof Konrad von Hochstaden hat er auch Albertus Magnus kennen gelernt, der sich auch mit dem Aristotelismus beschäftigt.

Er ist also nicht der Einzige, der sich solche Gedanken macht.

Dass sogar Päpste in Fluggeräten um die Welt fliegen würden, ist ihm doch nicht ganz geheuer. Immerhin ist ihm bekannt, dass Seefahrer schon oft davon berichtet haben, dass bei Schiffsbegegungen auf große Entfernung zuerst die Mastspitzen des Gegenübers in Sicht kommen und erst bei zunehmender Nähe das eigentliche Schiff über den Horizont wächst.

Was denken die Gäste eigentlich über unsere heutigen wissenschaftlichen Erkenntnisse. Die Vorstellung, dass die Erde eine Scheibe sei, stammt aus vorgriechischer Zeit, etwa Mesopotamien, wo man sich die Erde als schwimmende Scheibe im Ozean vorstellte.

Keine gebildete Person glaubt heute, die Erde sei eine Scheibe.

Der diesbezügliche Disput dreht sich vielmehr um die Frage unseres Weltbildes: haben wir eine geozentrische Vorstellung oder, wie zunehmend von Aussenseitern behauptet wird, eine heliozentrische Vorstellung von der Welt.

Das geozentrische Weltbild ist vor allem auch das Weltbild der Kirche, in dem der Mensch als Mittelpunkt der Erde die dominierende Rolle spielt.

Außerdem ist interessant: In dieser zukünftigen Zeit gibt es also auch noch den Heiligen Stuhl.

Ein Papst, der am liebsten hat, dass man noch an die Erde als Scheibe glauben möge, ist wohl eine Metapher für erstarrtes Denken in einer sich wandelnden Welt
Dietrich schmunzelt in sich hinein.

Aber es gibt noch mehr dazu zu sagen.
Die Ausführungen über die veränderte Auffassung zur Schöpfungsgeschichte.
Scheinbar hängt alles miteinander zusammen.
Wie sollte man denn die Bibel lesen und verstehen?

Was gilt dann noch?
Es gibt Fragen über Fragen.

Er spürt seine aufkommende Müdigkeit und begibt sich zu seinem Lager.

Sein Schlaf ist unruhig.
In schneller Folge ziehen die Gedanken über die neuen Informationen, die er heute von diesen Menschen aus der Zukunft bekommen hat, vor seinem geistigen Auge vorüber.

Seine eigenen Visionen über das 'Himmlische Jerusalem in der Provinz' vermischen sich mit einer 'Kirche der Zukunft', die er zum einen als fertiges Gebäude sieht, aber auch als eine Gruppe von Menschen, die friedlich in vielen Zungen auf einandereinredend oder auch palavernd miteinander umhergehend in seiner fertigen Kirche anzutreffen sind.

Obwohl es dunkel ist, erstrahlt das Gewölbe der Kirche in hellem Licht. Deutlich sieht er den großartigen Lettner vor sich.

Mit großer Anstrengung bemüht er sich in die Abtskapelle zu kommen, aber er findet den Aufgang nicht.
Er irrt umher und sucht hier und da.
Wo war denn noch der Eingang der Treppe zu seiner Kapelle?

Dietrichs Traumbild vom Himmlischen Jerusalem und dem Jüngsten Gericht

Er strebt nach oben, weil er einen Überblick bekommen will über das Treiben im Kirchenschiff.

Alle Wände, die er nach einer Türe zum Turm absucht,verweigern ihm den Zugang. Er kann genau sehen, dass da oben in der Abtskapelle etwas vor sich geht. Aber während er mit der Suche nach dem Aufgang beschäftigt ist, hört er vorne das Jüngste Gericht tagen. Er bekommt mit, dass sich vor dem Lettner im Hochchor, den er in seinen Träumen schon oft fertiggestellt gesehen hat, eine Festveranstaltung abspielt, und zwar in großer Gelassenheit.

Er muss in die Abtskapelle gelangen, nicht weil dort sein Platz ist, sondern weil er nach den Reliquien sehen will, die sich dort oben befinden.

Wenn jetzt Auferstehung ist, will er unbedingt bei den Heiligen sein. Was ist mit Vitus, was mit Cornelius, mit der hl. Barbara?

Seine Heiligen: einige sind die Reliquien aus dem alten Mörserstein der Gründerzeit des Klosters, andere Heilige sind Schutzpatrone und werden an den vielen Altären verehrt oder sind durch Bilder und Figuren anwesend. In dieser Situation muss er unbedingt nach ihnen schauen und sich um ihr Wohlbefinden kümmern.

Vorne, vor dem Lettner geht derweil die gelassene Veranstaltung des Jüngsten Gerichts weiter.

Manchmal steigt dort weißer oder schwarzer Rauch auf, wie bei einer Papstwahl.

Dann hört er, wie jemand sagt:

„Lasset die Kinder mit ihren Tieren zu mir kommen, wir wollen das Himmelreich einrichten."

Nun hat er den Eindruck, die Heiligen sind dort oben

ungeduldig geworden, weil sich niemand um sie kümmert. Er hört sie poltern. Sie scheinen sich selbständig zu machen und kommen eine Treppe herunter, die er nicht kennt.

Aus der Wand taucht als erster der hl. Chrysanthus auf.

Er scheint beleidigt zu sein, weil er so lange „in diesem Kaff hier" nicht erwähnt worden ist.

Dann kommt die hl. Barbara, die sich mit der hl. Daria um ihre Position in dieser Kirche zankt und der Meinung ist, Daria sei das Opfer einer Verwechselung. Wegen des sprachlichen Gleichklanges und weil einige immer noch glauben, einige Überbleibsel von ihr seien 974 auch im Mörserstein hier aufgefunden worden, müsse das noch lange nicht stimmen. Sie möge sich gefälligst mit Chrysanthus nach Münstereifel in das Kanonikerstift verziehen. Dort gehöre sie hin.

Die hl. Daria zischt zurück, man könne gut daran tun, dass man sie, Barbara, einmal nach Neuwerk in das Frauenkloster deportiert.

Barbara war aber eigentlich dabei, dem hl. Petrus, der dicht hinter ihr auftaucht, einen hochwissenschaftlichen Vortrag über die Statik von Bergwerkstollen zu halten mit ständigen Hinweisen auf die Brüchigkeit von Felsgestein.

Petrus jedoch hört nur mit halbem Ohr zu. Er hat sein Schwert dabei, vergleicht es unaufhörlich mit Kanonen des Jahres 2008 und meint, sie Barbara, sei doch auch hierfür Expertin.

Immer mehr Heilige tauchen aus der Wand auf.

Vitus hat etwas gegen Ölbäder und Laurentius diskutiert mit dem hl. Vitus über die Widerwärtigkeit von

Grillfeuern, obwohl er sich den Römern gegenüber nichts habe anmerken lassen.
Er versucht ein Tauschgeschäft mit Vitus, Palmzweig gegen Grillrost (Er scheint das Herumschleppen des Eisens leid zu sein.).
Vitus lässt sich aber auf nichts ein. Seine Blicke schweifen auf der Suche nach Bettnässern umher, die er trösten will.

Als Laurentius den Abt Dietrich sieht, will er ihn schon beeinflussen, sich ja nicht auf König Philipp von Spanien einzulassen, egal was der Papst dazu sagen werde.
Abt Dietrich weiß jedoch nicht, wovon er spricht. Als Laurentius die Verwirrung bei ihm bemerkt, klopft er ihm auf die Schulter und meint:
„Warte noch ein paar hundert Jahre, es wird schon, kümmere Dich um den da."

Er weist auf Martin, der nur mit einem halben Mantel bekleidet ist und sein Pferd will ihn nicht mehr tragen.

Der hl. Cyprian kommt alleine gedankenverloren aus der Wand. Er war hier mit Cornelius nur zu Besuch, weil er eigentlich nach Kornelimünster gehört.

Dann tauchen Maria und Anna Selbdritt Arm in Arm auf und haben das Jesuskind bei sich. Sie suchen nach seiner Krone und seinem Zepter. Sie glauben nicht an die Schlechtigkeit der Welt und denken, dass sie verlegt sein können. Maria meint:

„Die Krone muss in der oberen Lade sein, aber das Zepter ist weg."

Auch ihnen kann Dietrich nicht helfen, worüber er in Verzweiflung gerät.

Nach ihnen tauchen Mathias und Jakobus aus der

Wand auf. Sie diskutieren Pilgerwege.

Während Mathias über den besten Weg durch die Eifel nach Trier spricht und meint: „da gibt es doch diese Bruderschaften, die wissen Bescheid", hat Jakobus ganz andere Sorgen; sein Weg nach Santiago de Compostella ist von allen Himmelsrichtungen möglich. Er spielt ständig an seiner Muschel herum und hat die richtige Länge seines Pilgerstabes vergessen.

Das Hauptportal der Kirche ist weit geöffnet und der Erzengel Michael steht am Portal seiner Kapelle an einem Beamer und durchleuchtet die Hereinströmenden.

Draußen ist sein Prior Godefridus damit beschäftigt, zweihundertsechzigtausend Menschen in Zweierreihen aufstellen zu lassen und ruft unaufhörlich:
„Keine Fremden, bitte."

Plötzlich gibt es ein Poltern in der Wand und der römische Mörserstein kommt die Treppe heruntergekracht, zusammen mit einem Splitter aus dem Kreuz Christi.

Das Abendmahlstuch spielt während dessen Gespenst.

„Genug", schreit Dietrich und wacht schweißgebadet auf.

Kapitel IV

in dem der Baumeister Gerhard aus Köln anreist, die Gäste einen Spaziergang um den Abteiweiher machen, eine Fischerin treffen, das Gasthaus der Abtei besuchen, mit Gerhard von Ryle beim Abt zum Essen eingeladen sind und mit dem Baumeister einen Rundgang durch das Münster machen.

Als Heiner Voss erwacht, ist es an diesem Februarmorgen schon hell. Er fühlt sich gut ausgeschlafen. Trotzdem wird ihm zunächst leicht mulmig, als ihm einfällt, wo sie sich befinden.
Der Kamin ist erloschen, er spürt die Kälte.
Neben dem Kamin findet er Holzspäne und schichtet für ein neues Feuer Holz auf, das bald wieder brennt.

Inzwischen ist auch Peter Fischer aufgewacht.
Sie betreten den Kreuzgang, der ihnen den Blick auf den Innenhof der Abtei frei gibt und sehen Bruder Renaldus mit Bruder Andreas de Fleck sprechen. Sie gehen hinunter in den Klosterhof. Der Koch bittet sie, in der Küche an einem Tisch am Fenster Platz zu nehmen. So können sie in den stillen Abteihof sehen.
Kurz darauf steht ein Frühstück mit Weizenbrot, Käse und heißer Milch vor ihnen. Peter Fischer bittet Bruder Andreas de Fleck, einen Augenblick Platz zu nehmen:

„Bruder Andeas, seid ihr hier schon lange Koch?
Sagt, wo kommt Ihr her, woher seit Ihr gebürtig?"

„Von der Wupper, mein Herr, von der Burg Leysiefen bei Leichlingen. Wir waren zu Hause 6 Kinder, ich war der Dritte. Mein Vater kannte den Abt Hermann."

Im Hintergrund sehen sie Küchenpersonal an einer

großen Herdstelle hantieren. Ein weiterer Koch hängt einen heissen Topf über dem offenem Feuer ab und ein anderer pflückt Kohl auseinander.

Plötzlich entsteht auf dem stillen Abteihof Unruhe. Der Bruder an der Pforte kommt aus seinem Zimmer neben dem Klostertor und öffnet eine Seite des schmiedeeisernen Tores. Dabei ruft er einem der Stallknechte auf der anderen Seite etwas zu. Er muss wohl den Reiter schon von weitem gesehen haben, der sich im Galopp der Abtei näherte und nun in den Klosterhof eintrabt.

Sie sehen ihn vom Pferd steigen. Er nimmt seine Tasche und übergibt dem Pferdeknecht die Zügel des dampfenden Pferdes. Dieser hat bereits eine Decke in der Hand, die er über das Pferd wirft. Dann führt er den Hengst zu den Ställen. Die Stallknechte gehören zu den fratres laici, die kein Gelübde abgelegt haben.

Der Reiter ist inzwischen im Kreuzgang verschwunden. Heiner Voss fragt den Bruder Andreas de Fleck:

„Bruder Andreas, der hat es aber eilig, wer ist denn das?"

„Das ist der Baumeister Gerhard von Rile", antwortet Bruder Andreas, „der will nach seiner Baustelle sehen." Peter Fischer und Heiner Voss sehen sich an:

„Ach, der sorgt sich um das Gewölbe in der Krypta", sie grinsen sich an, „wir frühstücken hier zu Ende."

Danach gehen sie über den Hof in ihr Zimmer zurück. Auf dem Wege erzählt Heiner Voss seinem Gefährten, dass ein anderer Nachkomme der Flecks in 70 Jahren als Mönch dieses Klosters, namens Godefridus dictus Vlecke den Engelshof in Holt bewirtschaften und dieses Geschlecht an der Wupper sich später Nesselrode nennen werde, die sich hier im Rheinland ausbreiten und sehr bekannt werden.

Das Feuer im Kamin Ihres Zimmers ist von Frater Renaldus weiter unterhalten worden. Er bereitet gerade ein weiteres Gästezimmer für den neuen Gast vor.
Als er die Gäste sieht, sagt er:

„Abt Dietrich bittet Euch heute Mittag zusammen mit Meister Gerhard zu Tisch."

„Das erfreut uns sehr. Jetzt werden wir einen kleinen Spaziergang am Abteiweiher machen. Bruder Renaldus, sagt uns: wie heißt der Hospitalar im Gasthaus?"
Er sieht uns erstaunt an, als er antwortet:

„Das ist Bruder Giselbert von Wels, aber ich hatte Euch doch gerade die Einladung des Abtes übermittelt."

„Nun, wir gedenken auf unserem Spaziergang dort nur einmal vorbei zu schauen. Wir werden rechtzeitig zurück sein."

„Sehr wohl."

Bruder Renaldus entfernt sich, sie ziehen ihre Mäntel an und gehen über den Hof zum Klostertor, grüßen den Pförtner, stellen sich ihm vor und erfahren, dass er der Bruder Ekkehard ist.

„Hat es der Baumeister immer so eilig, wenn er kommt?"
Der Pförtner lachte:

„Heute war er besonders schnell. Von seiner Ankunftszeit her und wie das Pferd aussah, muss er auf einem Gut bei Garzweiler übernachtet haben."

Sie gehen den Weg, den gestern Bruder Matthäus Lotharius als 'Am Berge' bezeichnet hat, hinunter. In einer großen Kurve um den Abteiberg herum führt er etwa fünfzig Meter von der Eisfläche des Abteiweihers unter Eichen entlang.

Etwa 100 Meter rechts von ihnen, direkt am Ufer des Weihers, sehen sie zwischen Büschen eine kleine Hütte. Sie ist aus Holz und macht einen gemütlichen Eindruck. Daneben hängen an Holzgestellen die Netze eines Fischers. Ein Boot ist auf das Ufer gezogen.

Dann entdeckt Heiner Voss, der an der Hütte vorbei blickt, auf dem Eis eine junge Frau, die sich mit einem Beil abmüht, ein Loch in das dicke Eis zu schlagen. Als sie über das Eis auf sie zugehen, steht sie erschöpft auf und sieht die Fremden erstaunt an. Sie ist bildhübsch mit ihrem flachsblonden Haar. Ihre grauen Augen beobachten jede Bewegung der Fremden.

Sie stellen sich vor, und Heiner fragt, ob sie helfen können.

„Nun, das Eis ist so dick und mein Werkzeug so klein", stöhnt sie und wischt sich mit dem Ärmel ihres Gewandes den Schweiß aus dem Gesicht.

„Ich muss aber heute Fisch in die Abtei liefern, das habe ich versprochen!"

Peter sieht Heiner an.

„Ich geh mal eben hinauf zu Bruder Matthäus und hole brauchbares Werkzeug."

Er dreht sich um und geht zur Treppe, die auf den Vorplatz des Münsters führt und die später einmal wegen ihrer Stufen aus blauem Basalt die 'Blaue Treppe' genannt werden wird.

Heiner Voss fragt das Mädchen, ob das Fischen hier ihr Beruf sei.

„Das habe ich von meinem Vater gelernt, der vor einiger Zeit gestorben ist. Aber hier kann ich gut davon leben. Ich muss den Mönchen zwar einen Teil meines Ertrages abgeben, weil der Abteiweiher zum Kloster gehört. Den anderen Teil verkaufe ich oben auf dem Markt."

Sie stellte sich vor:

„Ich bin Finja, genannt die Fischerin."

Heiner Voss ist erstaunt über dieses anmutige und selbständige Mädchen. Sie scheint allein in dieser Hütte zu leben. Er empfand eine merkwürdige Zuneigung zu ihr, konnte sich aber nicht erklären, warum.

Da kommt Peter mit einer schweren Eisenstange und einer Säge nach der Art eines Fuchsschwanzes die Treppen herunter und sie beginnen gemeinsam das Eis zu bearbeiten. Nach einer Viertelstunde haben sie ein Loch in das Eis gearbeitet, groß genug zum Fischen.

Finja bedankt sich herzlich und verspricht, dem Bruder Matthäus das Werkzeug zurückzubringen.

Heiner Voss und Peter Fischer verabschieden sich und setzen ihren Weg fort.

Nach hundert Metern erreichen sie die 'Oberste Mühle' am Ende des Weihers. Das unterschlägige Mühlrad an der Südseite des Mühlengebäudes steht still. Vor der Mühle überqueren sie eine Brücke. Darunter fließt der Mühlenkanal. Rechts hat der Weiher zunächst ca. ein Viertel seiner Länge, um sich dann noch weiter zu verbreitern. An der Südseite des Weihers angekommen, gehen sie auf dem Weg langsam nach Westen, während ein anderer Weg Richtung Südost nach Rheydt führt. Von hier also war Gerhard gekommen.

Vor ihnen liegt der Widdumshof und hundert Meter dahinter, dichter am Ufer, der Knopshof. Der Weg steigt weiter Richtung Holt leicht an. Aber sie lassen die beiden Gehöfte links liegen und gehen wieder nach Norden auf den Weiher zu. Sie haben lange nachdenklich geschwiegen.

„Das ist ja was", staunt Peter Fischer. Von hier aus sehen sie am Berg die Münsterkirche mit der halbfertigen Chorhalle über dem Kloster liegen.
Von der Pfarrkirche ragt nur der kleine Turm über dem Pfarrgarten auf und daneben, am Weg 'Am Berge' einige Fachwerkhäuser. Von hier aus sehen sie nur ein paar Dächer von den vordersten Häusern am Markt. Eine Stadtmauer gibt es noch nicht.

„Die ältesten Bilder, die wir kennen, sind aus dem frühen achtzehnten Jahrhundert", sagt Heiner Voss.
Am Ende des Weihers, sehen sie das Kloster und dann auch die Pfarrkirche im Osten. Sie gelangen an einen Steg über den Gladbach und dahinter gelangen sie zum Gasthaus, welches sie schon eine Weile vorher zwischen Bäumen gesehen haben. Es ist ein schönes grosses Giebelhaus, wie es für ein Haus der Abtei üblich ist. Sie gehen darauf zu und gelangen über den nach Norden offenen Teil in den Innenhof. Aus einer Seitentüre kommt ihnen der Hospitalar entgegen und mustert sie erstaunt:

„Was kann ich für Euch tun?"

„Ihr müsst Bruder Giselbert von Wels sein. Wir sind Gäste des Abtes und wollen auf unserem kleinen Spaziergang nur einmal bei Euch vorbei schauen." Sie stellen sich mit Namen vor.

„Eure Namen klingen so merkwürdig, und so wie Ihr gekleidet seit, kommt Ihr wohl von weit her?"

„Ja und Nein, das ist sehr schwer zu erklären. Peter Fischer kommt von der Neustraße und ich komme aus Engelsholt."

„Neustraße habe ich nie gehört und Engelsholt klingt nach unserem Engelshof in Holt, aber da habe ich Euch nie gesehen. Merkwürdig, aber vielleicht gibt es diesen

Namen ja auch noch anderswo."
Um ihn auf andere Gedanken zu bringen, fragt Heiner Voss:

„Euer Name klingt nach Wels, einem kleinen Flecken an der Maas, da bin ich einmal mit dem Schiff vorbeigekommen?"

„Ja genau, da stamme ich her."

„Wie viele Gäste beherbergt Ihr zurzeit in Eurem Haus?"

„Nun, das wechselt, zur Zeit sind es etwa dreißig. Sie suchen eine neue Bleibe."

„Bekommt Ihr sie leicht vermittelt oder ziehen sie oft weiter?"

„Jetzt im Winter kommt selten jemand, und wo sollen sie auch hin? Wer jetzt unterwegs ist, kommt eher zu uns. Zum Frühjahr hin hoffen einige, soviel Geschick zu haben, um beim Bau der Kirche Anstellung zu finden. Einige sind auch Handwerker vom letzten Jahr."

„Dürfen wir einen kurzen Blick in Euer Haus werfen, habt Ihr ein Glas Wasser für uns?"

„Aber gern, kommt mit in den Gastraum."

Sie folgen Bruder Giselbert in die Gaststube. Das Haus scheint relativ neu zu sein. Im Hintergrund sitzen einige Männer und wenige Frauen in einer Ecke und unterhalten sich mit einem Würfelspiel. Um die Neuankömmlinge kümmern sie sich nicht.

Bruder Giselbert will, dass sie Platz nehmen, aber sie erklären ihm, sie möchten nur ein Glas Wasser trinken, sie müssten dann wieder zum Kloster zurück.

Sie trinken ihr Wasser und verabschieden sich von Bruder Giselbert.

Den Weg entlang, der später einmal die Gasthausstraße bilden wird, gelangen sie an die Treppe, die zur

Münsterkirche hinaufführt.

Gegen 12.00 kommen sie durch den Kreuzgang in ihr Zimmer. Später bittet Frater Renaldus de Luzo sie zum Essen in das Esszimmer des Abtes.

Abt Dietrich begrüßt sie und macht sie mit Gerhard von Rile bekannt.

Dieser bringt seine Freude darüber zum Ausdruck, wie umsichtig sie gehandelt haben. Er dankt auch Bruder Matthäus Lotharius für seinen Einsatz, der zu diesem Essen ebenfalls eingeladen ist und sich im Hintergrund aufgehalten hat.

Ein bisschen habe er sich ja im Winterschlaf befunden, gibt Gerhard zu. Als er jedoch erkannt habe, dass sich dieser Dauerfrost nach den langen Regenfällen entwickelt hat, habe er sich in großer Sorge um das Gewölbe auf den Weg gemacht und sei aus seinem Haus in der Kölner Marzellenstraße aufgebrochen. Jedenfalls sei jetzt die Gefahr gebannt.

„Ich freue mich, dass mein junger Kollege hier bei Euch so gut einschlägt und so umsichtig zu handeln lernt. Er ist ein guter Steinmetz, aber zu so einem Bau gehört noch viel mehr, wie wir nun wieder gelernt haben.

Ehrwürdiger Abt, ich freue mich, dass ihr Bruder Matthäus zum Essen mit eingeladen habt. Ich möchte ihn immer an meiner Seite haben, wenn ich hier bin, damit wir jedes auftretende Problem besprechen können. So ein Bau ist ein Prozess, der Umsicht und Einfühlung verlangt."

Er richtet sich direkt an ihn:

„Wir werden noch Gelegenheit haben, Euer Skizzenbuch durchzugehen."

Er wendet sich an die beiden anderen Gäste:

„Die geheimnisvollen Andeutungen des Abtes über Eure Herkunft habe ich nicht ganz verstanden.
Sie sind unglaublich."

Abt Dietrich hat inzwischen nach dem Koch geläutet und Bruder Andreas bringt mit Frater Renaldus Weinkaraffen auf die Tafel und das Hauptgericht: Fisch aus dem Abteiweiher. Dazu gibt es Kohlgemüse.

Der Abt spricht ein Dankgebet. Auch dankt er für das, was sie heute erlebt haben.
Nun erhebt Gerhard von Rile sein Glas auf den Gastgeber und die anderen Gäste und drückt seine Freude und Erleichterung über die gelungene Rettung des Gewölbes aus.

Das Essen schmeckt ihnen sehr gut.

„Das Skizzenbuch ist so etwas wie das schriftliche Gedächtnis des Baumeisters. Liege ich richtig mit dieser Annahme?"
Heiner Voss hat sich an Gerhard gewandt.

„So ist es. Man fängt es in jungen Jahren bereits an und hält darin alle Neuerungen fest, die man in seinem Beruf kennen lernt, auch Konstruktionen, die einen beschäftigen."

„Ein Einziges ist bis in unsere Zeit erhalten geblieben, es liegt in der Pariser Nationalbibliothek. Es ist das Skizzenbuch des Villard de Honnecourt. Unter anderem betont er darin die Notwendigkeit, die Geometrie zur Grundlage vom Bauen zu machen."

„Das ist ja interessant, Villard de Honnecourt.
Villard war einer meiner Lehrmeister, in der Bauhütte in Amiens. Dieses Buch hätte ich gerne einmal gesehen."

„Eine Kopie liegt auf meinem Schreibtisch, es wäre

sicher auch etwas für Bruder Matthäus Lotharius."

„Das glaube ich auch. Wie erhalten wir es? Dazu die Frage, wie habt Ihr es geschafft, hierher zu kommen?"
Peter Fischer antwortet:

„Was uns passiert ist, ist phantastisch.
Ich versuche eine Erklärung: Zunächst hat es etwas mit Licht zu tun. Ihr als Baumeister der Gotik habt ja auch die zunehmende Bedeutung, Verklärung, ja Idealisierung des Lichtes in Eurem Baustil erkannt, wohl wissend, dass des Menschen Werk niemals Vollendung erreichen wird.

Und trotzdem ist auf dem Umweg Eurer Baukunst in Verbindung mit Licht das Unmögliche wahr geworden, dass Materie und wir selbst den Weg aus der Zukunft in die Vergangenheit geschafft haben.

Wir haben ein kleines Gerät, das digitalisiertes Licht als Bilder auf eine weiße Wand werfen kann. Wir hatten es unter den Kronenstein der von Euch konstruierten fertigen Apsis gestellt, und schon geschah das Unwahrscheinliche.

Wir hatten gerade noch die Jahreszahl unseres Zieles bedacht. Ein Glück, dass das Gewölbe schon fertig war, sonst wären wir in die Kypta gestürzt.

Nun sagt uns, was habt ihr da an Energie eingebaut. Unser Gerät hätte allein diese Leistung nicht aufbringen können."

„Ich kann Euch nur etwas über den Baustil der Gotik sagen. Die aufstrebenden Wände einer Apsis symbolisieren das Vatergott-System.

In der Mitte unter dem Schlussstein, soll in idealer Vorstellung eine Energiesäule entstehen. Diese Kräfte stehen in Korrespondenz zu den Kräften der Erde, man könnte auch sagen zum Muttergott-System, aber das hört unsere Mutter Kirche nicht gerne. Es soll als heilige Stelle den Priester bei der sakralen Handlung, also der Wandlung von Brot und Wein in das Fleisch und Blut von Christus unterstützen.

Was Ihr nun vortragt und was Eure Existenz bei uns beweist, ist, dass diese Energie wirklich existiert. Mehr kann ich dazu nicht sagen."

Abt Dietrich bemerkt schmunzelnd:

„Sagt mir, haben wir jetzt noch mehr Besuch aus der Zukunft zu erwarten?"

Heiner Voss wendet lachend ein,

„Bei uns würde man von einer Art Abenteuertourismus in die Vergangenheit sprechen."

„Hattet Ihr mir nicht erzählt, wie viele Menschen allein in Eurem Mönchengladbach leben. Was sagtet Ihr noch, über 260000. Hier leben derzeit etwa 800 mit allen auf den umliegenden Höfen. Unser neues Gasthaus beherbergt gerade mal, wenn es hochkommt vierzig Seelen."

Betroffen schauen die beiden Gäste sich an.

„Zunächst hoffen wir auf die Möglichkeit einer Rückkehr zu einem bestimmten Zeitpunkt, von dem wir wissen, dass die Energie wieder eingeschaltet wird", sagte Peter Fischer, „aber Ihr habt Recht, wenn ich an unsere Wissenschaft denke, die vor nichts halt macht.

Man hat die Energie des Atoms unter Forschungsgesichtspunkten entdeckt und dann neben friedlicher Nutzung fürchterliche Massenvernichtungswaffen entwickelt, womit man die Erde mehrfach zerstören könnte, ja man ist sogar bald in der Lage, einen Menschen zu verdoppeln, klonen nennt man das. Unter dieser Sicht ist Eure Befürchtung nur zu berechtigt.

Geschichtswissenschaftler wollen alles über die Vergangenheit wissen, alles. In aller Regel äußert sich so ein Wissenschaftler nur, wenn jedes Wort belegbar ist. Und von uns wisst Ihr, wie wenig über Euch bekannt ist.

Also, wenn die Möglichkeit von Zeitreisen besteht, kann es auch dazu kommen.

Aber ich sage Euch, wir werden dieses Wissen und unsere Reise in einem Roman verarbeiten. Wissenschaftler lesen keine Romane. Sie halten sie für zu trivial. Damit seid Ihr vor der Zukunft sicher."

Heiner Voss bezieht sich auf das Sicherheitsbedürfnis der Wissenschaft, alles durch Urkunden belegbar haben zu wollen:

„Ehrwürdiger Abt, in unserer Zeit muss alles bewiesen werden. Unsere Ausführungen über die Gründungsgeschichte dieser Abtei beziehen sich auf eine Abschrift aus den 1570-iger Jahren, die auf ein Dokument eines Mönches um 1060, der Zeit des Abtes Heinrich I., zurückgehen. Diese zwar schöngeistige Darstellung, die auch als Legende bezeichnet wird, ist jedoch in ihrem Wahrheitsgehalt bezweifelt worden.

Dazu muss man wissen, dass der Begriff Legende oft auch als Synonym für das Gegenteil von Wahrheit, abwertend benutzt wird.

Wir wissen nicht, über welches Dokument Eure Bibliothek verfügt. Wäre es nicht ein interessantes Experiment, wenn Ihr eine Abschrift davon, versehen mit Eurem Siegel, in einem Kästchen aus Bronze welches mit Pech geschützt ist, an einer Stelle, die wir Euch angeben, vergrabt?

Die Angabe dieser Stelle durch uns ist besonders wichtig, weil wir Euch sagen können, wo auch bis in unsere Zeit keine Erdbewegungen statt finden wer-

den.“
Abt Dietrich strahlte über das ganze Gesicht:
„Ihr bekommt Eure 'Sermo in inventione reliquiarum sanctorum Viti, Cornelii, Cypriani et aliorum in Gladebach' und vielleicht noch das ein oder andere dazu.
Wir fänden es auch für uns interessant, wenn Ihr Euch entschliessen könntet, mit uns einem Rundgang zu machen. Wir könnten uns dabei austauschen über die Baulichkeiten. Wie wäre es, sagen wir in einer Stunde? Wir könnten etwas Bewegung gebrauchen, was sagt Ihr dazu?“
Alle einverstanden.

Zur vereinbarten Zeit haben Peter Fischer und Heiner Voss sich Ihre Mäntel geholt und gehen nach unten in den Klosterhof, wo sich die Gruppe trifft.
Der Abt erläutert die Notwendigkeit der Erneuerung auch dieses Teils der Abtei, in dem er auf die Alterungsspuren des Gemäuers hinweist.

Er bekennt jedoch, dass ihm aus Geldmangel des Klosters der Bau des Chores vorrangig ein Herzensanliegen sei. Die Chance, mit diesem Baumeister - und dabei klopfte er Gerhard von Rile auf die Schulter - sei einmalig. Er habe sie nützen müssen.
Sein Konvent hat ja auch zugestimmt, obwohl er jetzt den Eindruck habe, so mancher würde sich lieber im Kloster gemütlich einrichten. Die Zeiten benediktinischer Bescheidenheit, die das Klosterleben hier über die ersten Jahrhunderte ausgemacht hätten, so scheine es, gingen langsam aber sicher zu Ende.
Durch einen Gang gelangen sie in den Teil, der den Gästen als der Brunnenhof bekannt war. Am Brunnen

angekommen, verweist Heiner Voss auf eine Stelle nahe am Brunnen:

„Hier wäre eine Möglichkeit, das Kästchen zu vergraben. Nicht zu nah am Brunnen, denn die oberen drei Sandsteinschichten des Brunnenrandes werden etwa 1912 erneuert. Dabei wird sicherlich auch außen etwas Erde bewegt. Zu weit ab ist auch nicht gut. In unserer Zeit werden hier hohe Bäume wachsen mit entsprechendem Wurzelwerk. Von der Zisterne dort in der Mitte werden auch nur noch die Fundamente unter einer Rasenschicht vorhanden sein. Der Schutt wird nach innen geworfen, so wie man auch dummerweise den Brunnen bis auf die letzten acht Meter mit Schutt verfüllt hat. Der Brunnen müsste mindestens doppelt so tief sein, um die Ebene des Gladbach zu erreichen. Lasst mich einmal hineinsehen.

Tatsächlich, man kann die Wasserfläche nicht sehen."

Er bewegt das Seil, der obere Eimer sinkt nach unten und nach langem Ziehen kommt ein voller Eimer Wasser ans Tageslicht. Heiner Voss ist begeistert.

„Diese Möglichkeit hätte ich gerne auch in unserer Zeit.

Stellt Euch die Situation vor. Die repräsentativen Abteigebäude einer späteren Zeit werden in unserer Zeit Rathaus einer großen Stadt sein, die unvorstellbar hoch verschuldet ist. Und die Repräsentanten dieser Stadt, Oberbürgermeister und die politischen Gremien tagen und fällen Entscheidungen seit über einem halben Jahrhundert direkt neben einem verstopften Brunnen. Er fließt nicht mehr. Aber keiner wundert sich, dass auch nicht mehr genügend Geld in die Stadtkasse fließt."

Alle sehen sich erstaunt an. Peter Fischer bemerkt:

„Macht Euch nicht über Gebühr Sorgen, ehrwürdiger Abt, in etwa einem halben Jahrhundert werden Eure vergleichsweise kleinen Schulden bereinigt sein."
Dann wendet er sich an Heiner Voss:
„Ich habe Dir öfter schon gesagt, dieses archäologische Brunnenprojekt, den Brunnen wieder auf seine ursprüngliche Tiefe auszugraben, weiter zu führen. Warum betreibst Du dieses Projekt nicht?"
Alle sehen Heiner Voss fragend an.
„Einmal ist es eine Frage des Geldes.
Aber es gibt auch Fragen nach der Zuständigkeit; die Kirchenbehörden müssen zustimmen, das Rheinische Amt für Denkmalpflege muss von Anfang an beteiligt sein, überhaupt bedarf es des guten Willens vieler. Das alles würde mir über den Kopf wachsen."

Sie wenden sich der Kirche zu und betreten sie durch den hinteren Seiteneingang.
Abt Dietrich erläutert, dass der nördliche Treppenturm schon angedacht gewesen sei, aber nun der Baubeginn wieder verschoben werden musste. Es gehe eben nicht alles gleichzeitig.
Sie schreiten durch die hintere Kirche an der Michaelskapelle vorbei. Vor dem südwestlichen Langhauspfeiler bleibt Heiner Voss stehen:
„Fällt Euch hier etwas auf, meine Herren?"
Gerhard von Rile grinste, sagte aber nichts.
Heiner Voss verweist auf den eingemauerten Weihestein in ca. zwei Meter Höhe im Langhauspfeiler:
„Entweder Ihr habt es verdrängt oder auch nicht gewusst, was wegen der Kürze Eurerer Amtszeit, in der ihr Euch mit der anderen Planung beschäftigt habt, Ehrwürdiger Abt, verständlich ist.

Unser junger Freund, Bruder Matthäus, ist sicherlich auch in der Zeit seines Hierseins noch nicht in jede Ecke gekrochen. Dies ist ein Weihestein, mit der Aufschrift PROBANIO SECUNDO, das heißt, er ist einem gewissen Sekundus geweiht. Dieser Stein stammt aus römischer, also heidnischer Zeit, denn als man ihn fand - vermutlich zu Beginn des Langhausbaues - hat ein frommer Mönch ihn umgewidmet, in dem er in ihn den Namen Vitus einritze.

Es werden später noch einige andere Steine aus dieser Zeit gefunden, die einer Matrone GAVADIABUS" geweiht sind und damit auf einen vorzeitlichen Matronenkult hinweisen, auf diesem Hügel, wie anderswo im Rheinland. Die Matrone GAVADIABUS ist seltener. Weihesteine von ihr werden später auch in Rödingen bei Jülich gefunden."

Meister Gerhard merkt auf und richtet sich an den Abt:

„Auch ich habe ein solches Fragment mit der Aufschrift IVS gefunden und, als das Recht und das Geheimnis des Baumeisters, welches ich hier preisgebe, in den ersten nördlichen Pfeiler, den wir für Langhaus und Chor gemeinsam nutzen, eingesetzt."

Abt Dietrich schüttelt den Kopf ob solcher Späße von Baumeistern, ist er doch in seinem Herzen von der Gotik durchdrungen.

Als sie auf ihrem Rundgang an der Apostelkapelle vorbeikommen, erkundigt sich Peter Fischer:

„Wo habt Ihr eigentlich den schweren römischen Mörserstein, in dem die Reliquien versteckt waren, die Eure Gründerväter 974 fanden und als Zeichen werteten, hier das Kloster zu gründen?"

„Oh mein Gott, erinnert mich nicht daran. Von dem habe ich letzte Nacht noch geträumt.

Den Mörserstein bewahren wir derzeit in meiner Abtskapelle bei den Reliquien auf. Gibt es diesen Mörserstein in Eurer Zeit auch noch?"

„In unserer Kirche trägt er die Osterkerze. Hier erzählen wir oft den Menschen die Gründungsgeschichte."

Mitten im Langhaus bleibt Heiner Voss plötzlich stehen.

„Genau hier befindet sich ein Grab, von dem man annimmt, dass es das Grab des Gründers Sandrad ist. Als es etwa sechzig Jahre vor unserer Reise in Eure Zeit bei umfangreichen Ausgrabungsarbeiten gefunden wurde, fand man in einem gemauerten Sarkophag, geschlossen mit einer vorzeitlichen Sandsteinplatte einen wohl einmal prunkvoll Bestatteten. Die Sandsteinplatte hat auf der Oberseite eine Verzierung, die bisher nicht sicher identifiziert werden konnte. Es könnte sich um eine urzeitliche Lebensbaum - Mythologie handeln. Jedenfalls gehört die Platte nicht in die Zeit der Bestattung.

Der Bestattete war in byzantinischer Seide eingewickelt aufgefunden worden. Die Seide wurde untersucht und man kann annehmen, dass sie aus der Zeit und dem Fundus der Kaiserin Theophanu, der griechischen Prinzessin und Frau von Otto II. stammt.

Diese hatten zwar keine besondere Beziehung zu diesem Kloster. Aber die Lieblingskirche der Byzantinerin war die Kirche des Benediktinerklosters St Pantaleon in Köln, mit dem Ihr hier ja bis heute befreundet seid. Theophanu war eine prunkliebende Frau, die in ihrem Gefolge aus Byzanz viele Handwerker aller Art mitgebracht hat, die sich in Köln im oder am Kloster St. Pantaleon angesiedelt hatten.

Es ist also gut denkbar, dass man zur Bestattung des ersten Abtes Sandrad etwa 986 ihn in byzantinischer Seide, die man von St. Pantaleon bezog, ausstattete. Die Reste sind in unserer Schatzkammer zu sehen."
Abt Dietrich merkt auf:

„Dann habe ich etwas für Euch. Wir wussten bisher nicht recht, wo es her ist. Wir haben ein Stückchen Seide bei unseren Reliquien, dass wir Euch für Eure Schatzkammer mitgeben möchten. Es ist schon lange hier und muss aus dieser Zeit stammen. Ob es Eure Reise gut überstehen wird?

Ihr könnt es dann mit Euren wissenschaftlichen Möglichkeiten untersuchen lassen. Matthäus, hole einmal das Stück Seide, welches sich bei den Reliquien oben in meiner Kapelle befindet."

Bruder Matthäus Lotharius verschwindet und taucht nach kurzer Zeit wieder mit einem Streifen Seide auf.

Ein purpurrotes Stück Seide hält er in seinen Händen. Heiner Voss und Peter Fischer sehen sich an. Ihnen wird bewusst, dass es mit hoher Wahrscheinlichkeit aus den Werkstätten im Gefolge der Byzantinerin um St. Pantaleon stammt und durchaus die gleiche Seide sein kann, die sie aus der Schatzkammer kennen.

„Hier ist es. Aber sagt, was passiert auf Eurer Reise damit, wenn Ihr es dieser Lichtsäule aussetzt? Wird es nicht beschädigt?"

Abt Dietrich überreichte es Heiner Voss.

„Herzlichen Dank. Auf der Reise wird es praktisch in Licht verwandelt und wieder zurück, wie wir selbst auch. Teleportation ist der Fachausdruck dafür.

Ob danach noch eine Altersbestimmung möglich sein wird, wird sich zeigen. Es kann sein, dass sich die Materie erneuert. Wir wissen zum Beispiel: In einem Zeitraum von sieben Jahren erneuern sich auch alle Zellen des menschlichen Körpers. Vielleicht geschieht uns bei diesem Entmaterialisierungs-Prozess bei dieser Lichtreise ja dasselbe?"

Abt Dietrich, Gerhard und Matthäus Lotharius sehen die Zeitreisenden mit merkwürdigen Blicken an.
„Nun, einmal haben wir es ja schon überstanden." Sie gehen eine der seitlichen Treppen zur Krypta hinunter und überprüfen die Gewölbe. Ein älterer Mönch, der zu den Fratres Conversi gehört, also erst im späteren Alter ins Kloster eingetreten ist und das Gelübde abgelegt hat, kümmert sich derzeit um die Feuer. Er scheint diese Arbeit gern zu tun, denn die Wärme bekommt seinen gichtkranken Knochen. Abt Dietrich spricht ihn an:
„Na, Bruder Christian, das ist sicher eine Tätigkeit in Deinem Sinne. Kommst Du zurecht?"
„Diese Tätigkeit tut mir sehr gut, Ehrwürdiger Vater."
Inzwischen prüfen Meister Gerhard und Bruder Matthäus Lotharius die Temperaturverhältnisse auch an abgelegenen Stellen und sind zufrieden. Es tropft weiterhin von der Decke. Es ist ein gutes Zeichen, weil die Feuchtigkeit aus der gestampften Lehmfüllung unter der Frostschicht sich langsam absetzt.
Sie verlassen die Krypta und stehen nun in der vereisten Chorbaustelle.
„Wir müssen die restlichen Joche bis zum nächsten Winter hoch haben. Damit wir das Dach auflegen können. So etwas darf nicht noch einmal geschehen."
Meister Gerhard geht durch die Türöffnung zur vorge-

sehenen Sakristei.
„Die Gewölbe hier werden wir dauerhafter schützen müssen. Wer weiß, wann wir die Sakristei beginnen können. Ebenso auf der anderen Seite."
Heiner Voss fragt den Baumeister:
„Für das Sakristeigebäude habt Ihr sicherlich die Pläne auch schon fertig. Könntet Ihr nicht den Treppenturm etwas in der Höhe verändern und damit den Ansatz der Treppe anders beginnen lassen?
Die unterste Treppenstufe wird zu klein.
Das wird einmal in unserer auf Sicherheit bedachten Zeit für normale Benutzung zu gefährlich gehalten.
Dieser große schöne Raum über der Sakristei wird sogar einmal Eurem Konvent als Kapitelsaal dienen, wie man später an Bemalungsresten und an dem großen Kamin dort oben fest stellen wird.
Seit 750 Jahren hat das niemand gestört. Ob sich wohl im Laufe der Jahrhunderte jemand dort verletzt hat?
Jedenfalls sind das Probleme und Sorgen unserer Zeit."
Der Baumeister lacht:
„Ihr glaubt doch nicht im Ernst, dass ich derartige Probleme, die in etwa 750 Jahren auftreten, berücksichtigen werde.
Wenn ich den Turm verändern würde, würde mein ganzes mathematisches und damit gotisches Konzept, diese 'Summe aus der Summe', gestört. Es wird dabei bleiben. Ihr sagt selbst, dass es das Kloster in Eurer Zeit nicht mehr gibt. Mein Auftraggeber ist Abt Dietrich."
„Wir haben es nicht anders erwartet."
Die Gruppe steigt die Stufen zum Durchgang in der Holzwand wieder herab und beendet den Rundgang.

Meister Gerhard wendet sich an die beiden Gäste:
„Ich lade Euch für heute Abend zu mir auf ein Glas Wein ein.
Überhaupt, wir bitten Renaldus, Brot und Käse zu bringen: Dann machen wir uns einen gediegenen Gesprächsabend. Was sagt Ihr dazu?"
„Ausgezeichnet, wir freuen uns."

Kapitel V

in dem sie zu einem Weinabend bei Gerhard eingeladen sind, dabei seinen Werdegang und von den neuen Bautechniken der Hochgotik erfahren, ihm einen lebensverlängernden Tip für seinen Handel mit dem Teufel, und auch ihre Lichttechnik in die Hand geben,worüber er in Begeisterung ausbricht und auch Reaktionen in der Bevölkerung auslöst

Nach einem langen Nachmittagsspaziergang über den Markt von Gladebach, das erst, wie sie wussten, in etwa 60 bis 70 Jahren die Stadtrechte bekommen würde, gelangen sie wieder in die Abtei.
Sie gehen dieses Mal am Haus des Schmieds Goswin vorbei aber jetzt bis zum Ende des lang gezogenen Marktplatzes.

Links und rechts stehen Häuser, viele zu vier oder fünf aneinander gereiht. Einige Gassen zweigen dazwischen ab, an denen auch bereits Häuser vorhanden sind. Viele Gärten liegen hinter den Häusern.

Vor dem Bäckerladen stehen zwei Frauen. Sie scheinen sich über die beiden merkwürdig gekleideten Fremden auf der anderen Straßenseite zu unterhalten.
Auf dem Rückweg spazieren sie um die Pfarrkirche, den Vorgängerbau der ihnen schon bekannten Kirche. Jetzt gehört sie bereits zur Abtei. Sie wurde 1243 von dem Erzbischof von Köln in den Besitz des Klosters übergeben. Auch nördlich der Kirche zum Markt hin befinden sich in einem Halbrund etliche Häuser.

An der Klosterpforte sprechen sie mit Bruder Ekke-

hard über die nachmittägliche, beschauliche Ruhe auf dem Marktplatz und dem kleinen Flecken.
Er sagt, dass es hier in der Regel immer so sei:
„Wir sind hier in Gladebach und nicht in Köln."
Er entgegnet dies, weil er vermutet, sie kämen von dort.
Heiner Voss geht die Fischerin nicht aus dem Kopf deshalb er fragt nun:
„Sagt, die Fischerin lebt dort unten ganz allein in ihrer Hütte und fischt für Euch?"
„Ja, das macht sie so gut wie seinerzeit ihr verstorbener Vater. Das war eine traurige Geschichte.
Als sie fünf Jahre wird, stirbt ihre Mutter bei der Niederkunft mit dem zweiten Kind und danach die schlimme Geschichte mit dem Vater vor Jahren, als sie 18 Jahre alt war.
All die Jahre hat er sie alleine erzogen. Dann lernte sie bei ihm das Fischerhandwerk, das sie für uns ausübten.
Eines Tages kenterte sein Boot. Er verfing sich in seinen eigenen Netzen und ertrank.
Das Mädchen musste den Unfall vom Ufer aus mit ansehen und konnte dem Vater allein nicht helfen. Als sie unseren Hospitalar, Bruder Gieselbert von Wels aus dem nahen Gasthaus zur Hilfe geholt hatte, war es schon zu spät. Sie war nun ganz allein und hat keine Verwandten. Der Vater stammte vermutlich aus einem Piratennest namens Helsinki hoch im Norden.
Sie wollte dann unbedingt die Arbeit ihres Vaters übernehmen und weil sie gut damit zurechtkam, hat unser Abt ihr diese Arbeit übertragen. Ich muss sagen, sie macht es sehr gut.
Sie lässt sich von niemandem die Butter vom Brot

nehmen."

„Wir haben auch beobachtet, wie umsichtig sie ihre Arbeiten verrichtet."

Gerhard von Rile empfängt sie in einem Zimmer, welches wesentlich größer ist als das ihre. Es ist offensichtlich kein Gästezimmer sondern sein Arbeitszimmer, weil er sich hier in der Abtei oft aufhält.

In einer Ecke befindet sich auch sein Bett hinter einem Paravent, der mit buntem Stoff bespannt ist und leicht umgestellt werden kann. Im Raum sind mehrere Tische mit Zeichnungen, Plänen und anderen Papieren bedeckt. An einer Wand hängt das Selbstbildnis seines Lehrmeisters Villard de Honnecourt.

In einer anderen Ecke ist ein Tisch gedeckt, auf dem ein großer Weinkrug und Teller mit Brot und Käse stehen. Im Kamin brennt ein Feuer. Er lädt seine Gäste ein, sich zu setzen und gesellt sich dazu.

Sie kosten den Wein und sind erstaunt,wie anders er schmeckt als der 1254er Buchholzer von Abt Dietrich.

„Ja, diesen Wein bekommt die Abtei aus ihren ehema-

ligen Besitzungen in Ürzig und Zeltingen an der Mosel in ihren Kellern. Von ihren Besitzungen hat sie sich in neuerer Zeit trennen müssen aufgrund der großen Entfernung.
Der Transport ist dabei noch das geringste Problem. Die Fuderfässer gelangen mit dem Schiff bis Neuss und von dort mit Ochsenkarren bis in die unteren Gewölbe des Abteiberges. Dort lagern noch andere gute Weine, die aber nicht dem Abt gehören, sondern dem Konvent. Der Wein kommt durch Beziehungen auf meinen Tisch von denen Theoderich keine Ahnung hat. Dieser Wein ist aus dem Jahre 1223."

„Ihr seid gut informiert", bemerkt Heiner Voss.

„Nun, ich komme selbst von der Mosel."

„Ihr stammt also aus dem Dörfchen Ryle, einem Marienwallfahrtsort, welcher in unseren Zeiten Reil heißt und in der Nähe der berühmten Marienburg liegt. Habt Ihr dort Euer Handwerk erlernt?"

„Die romanische Kirche im Marienwallfahrtsort Ryle war vor meiner Zeit schon fertig, aber von einem alten Steinmetz konnte ich die meisten Fertigkeiten noch lernen. Ich bin dann auf Wanderschaft gegangen und habe überall ein bisschen dazugelernt, bis ich in Frankreich riesige Baustellen gesehen habe, die mich fasziniert haben und nicht mehr los ließen.

In der Picardie hörte ich von der Baustelle in Amiens, die 1220 begonnen wurde. Einige Jahre, bis zum Baustopp 1240, als das Geld dafür ausging, habe ich dort arbeiten können.
Villard de Honnecourt leitete die Bauhütte der Kathedrale und nahm mich in seine Dienste. Meine Fähigkeiten müssen ihn beeindruckt haben, denn er bezog mich auch immer mehr in seine Planungsprozesse ein.

So lernte ich das Wesen und auch die Grundzüge der Gotik kennen.

Ich habe dort auch zum ersten Mal die Typisierung der Bauelemente, die das Maßwerk betreffen, kennengelernt. Wir haben die Rationalisierung der Steinmetzerei durchgeführt und serienmäßig Quadersteine nach einer kleinen Anzahl von Modellen hergestellt. So konnten wir auch auf einer wetterfesten Nebenbaustelle das ganze Jahr über arbeiten, genau so, wie wir es hier im Kleinen mit Bruder Matthäus Lotharius machen. Ihr habt sicher den Schuppen an der Klostermauer entdeckt, wo er in aller Ruhe, wenn er Zeit hat, sich beschäftigt. Das erspart uns viel Geld, weil jeweils im Frühjahr dann genügend Material für die Maurer vorhanden ist.

Später kam ich dann über Paris nach Reims, letztendlich suchte ich nach einer eigenen Baustelle.

Bei meinem Aufenthalt in Trier erfuhr ich dann von dem Desaster in Köln. Man lachte sich dort ins Fäustchen über die Domherren in Köln, die, der alte Dom war zu klein geworden und in die Jahre gekommen, zunächst den alten Chor aus Sparsamkeitsgründen selbst abreißen wollten. Der Abriss von Hand schien ihnen zu teuer, weshalb sie selbst das Mauerwerk unterhöhlten, darunter ein Feuer legten und dadurch versuchten, die Chorhalle zum Einsturz zu bringen. Dabei ist ihnen dann der ganze Dom abgebrannt.

In diesem Unglück sah ich meine Chance und machte mich sofort auf den Weg nach Köln."

Peter Fischer ergänzt:

„Da war das Unglück der Kölner Domherren Euer Glück, denn Ihr konntet ihnen ein ganz neues Konzept vorlegen und", die Augen von Peter Fischer funkeln vor

Begeisterung, als er fortfährt: „man erkennt sehr deutlich beim Vergleich der Grundkonzepte der genannten Kathedralen Euren Lehrweg, sozusagen die Verwandtschaft der Bauten."

„Dass man in der Zeit, aus der Ihr kommt, noch solche Kenntnisse über die Gotik hat, ist schon erstaunlich und für mich eine große Freude."

„Nun, aus den wenigen schriftlichen Zeugnissen, die uns aus Eurer Zeit erhalten geblieben sind, aber den vielen, teilweise gigantischen Bauten, die jetzt überall entstehen, erkennen wir einen enormen plötzlichen Entwicklungssprung.

Seit den Zeiten der römischen Baukunst, die uns vor allem durch die zehn Bücher des Vitruv übermittelt sind, hat es eigentlich kaum herausragende Beispiele in Mitteleuropa gegeben, wenn man einmal vom Oktagon der Pfalzkapelle in Aachen absieht. Dieses erscheint einmalig so früh. Die sonstige Bauentwicklung vollzieht sich eher langsam und entsprechend der technischen Möglichkeiten über Jahrhunderte hinweg.

Jetzt aber werden mit schwerem Baumaterial Höhen bis 90 Ellen und mehr überwunden.

Neu entwickelte Vorgehensweisen, technische Kniffe, geometrische Hilfsfiguren, aber auch die Entstehung inhaltlicher Aussagen der Hochgotik sind uns vor allem aus dem Bauhüttenbuch des Villard de Honnecourt bekannt und vermitteln ein Bild über die ungeheuerlichen planerischen Aufgaben der Baumeister.

Aber wem sage ich das? Ich sehe es an den vielen Skizzen, mit denen Ihr hier arbeitet."

„Eine Hebemaschine, die ich in Frankreich kennen lernte, benutzen wir hier auch, wie Ihr sicherlich schon bemerkt habt."

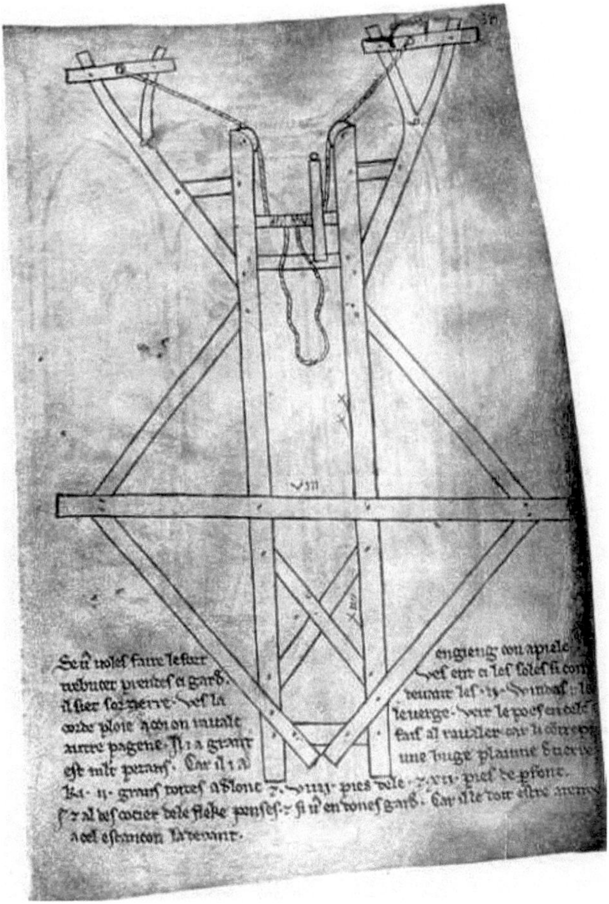

Hebemaschine aus dem Skizzenbuch des Villard de Honnecourt

Peter Fischer gibt weitere Informationen aus späterer Zeit:

„Die Achtung vor diesem Baustil wird nicht immer so sein. In den Jahrhunderten dazwischen hat man nichts mehr von der Gotik gehalten. So wie Ihr ja sicherlich Kenntnis von den Italienern habt, für die der Begriff Gotik zunächst ein Schimpfwort für diesen Baustil war, weil aus ihrer alten Vergangenheitserfahrung heraus die aus dem Norden stammenden Goten Barbaren waren. Von dort wird sich in einigen hundert Jahren der Kunst- und auch der Baustil des Barock ausbreiten. Aber statt diesen Stil als solchen, also eigenen Bauten zu verwirklichen, was auch durchaus geschehen wird, wird man auch dieses gotisch– romanische Münster so schlimm durch den Barockstil verunstalten, dass einem übel werden könnte.

Nicht nur, dass man Euren schönen gotischen Lettner entfernen wird und die Triforien zumauert, sondern man wird auch mit wenig glücklicher Hand die Simse und Wände mit einem marmornen Anstrich versehen und mit Gipsstuck ausstatten, um ihn dann mit Flitter und vergoldetem Pappdeckel zu verzieren.

Sicher wird das die extremste Veränderung sein, aber sie zeigt auch, dass die Kirche in allen Zeiten einem ständigen Wandlungsprozess unterworfen ist."

„Sagt mir, was wird die Kirche denn sonst noch erleben?"

Heiner Voss erzählt von der Auflösung des Klosters 1802 durch die Franzosen, die zuvor im eigenen Land eine fürchterliche Revolution gegen das feudal-herrisch ausgeartete Königtum erleben werden. Das Volk wird sich vom König befreien und freiheitliche Grundrechte für alle Bürger einführen. Leider wird es dann doch wieder einem immer mächtiger werdenen Feldherrn aufsitzen, der sich selbst die Kaiserkrone aufsetzen wird. Mit der Idee der freiheitlichen Grundrechte wird er zunächst fast ganz Europa unterwerfen. Zwölf Jahre später jedoch wird er aufgrund seines Wahn aber an den Weiten Russlands scheitern.

„Was die Abteikirche betrifft, werden die Franzosen sogar den Abriss anordnen, weil ihnen in ihren säkularen Ordnungsvorstellungen eine Kirche, nämlich die Hauptpfarrkirche, ausreichend erscheint.
Mit einigen raffinierten Schachzügen gelingt es dennoch wider Erwarten, die Kirche vor dem Abriss zu bewahren. Sie wird lange Zeit leer stehen und als Lagerraum, gar als Pferdestall benutzt. Nach erneuter Instandsetzung und Nutzung, die Bevölkerung wird inzwischen enorm zunehmen, wird es fürchterliche Weltkriege geben. In einer Zeit, die ich selbst noch als Kind erlebt habe, wird die Kirche dann von Flugmaschinen angegriffen, die mit zwei Bomben Teile des Turmes und alle Gewölbedecken zum Einsturz bringen.
Weil aber alle Mauern erhalten bleiben, kann die Kirche wieder aufgebaut werden.

Wichtig zu wissen für Euch dürfte es sein, dass im Zustand der Kirche als Ruine Bauuntersuchungen und auch unter dem Fußboden, vornehmlich des Langhauses, archäologische Grabungen gemacht werden, die einigen Aufschluss über die erste und zweite Kirche, und deren darunterliegenden Fundamente bringen."

„Na, es ist ja interessant, die Geschichte eines Bauwerks zu kennen, bevor wir es fertig gebaut haben", dachte er laut, „aber sagt, was sind das für Energien von denen Ihr sprecht, eine Leuchtkraft, ohne dass ein Feuer entfacht wird?"

Peter Fischer, holt den schweren Scheinwerfer aus ihrem Zimmer.
Inzwischen hält Heiner Voss einen Kamm, den er aus

der Tasche gezogen hat, in seinen Händen:

"Vielleicht kennt ihr diesen Effekt ja auch. Wenn man, sagen wir, einen Horngriff, dieser Kamm ist aus einem ähnlichem Material, über einen Jackenärmel reibt", er macht es vor, „lädt der sich mit einer Energie auf, die es fertig bringt, dass sich die Haare sträuben, wenn man sich damit kämmt."

Er zeigt es sogleich und Gerhard sieht den Effekt.

„Ja, das kenne ich."

„Das nennt man eine Aufladung mit statischer Energie. Das ist schon eine Art elektrischer Strom. In bestimmten Maschinen mit magnetischen Metallen, vielleicht kennt Ihr dieses Magnetgestein, entsteht noch mehr davon. Dieser Strom bewegt sich über Kupferkabel oder Metallleiter fort.

Oder hierin", er nimmt die Batterien aus dem Scheinwerfer, den Peter Fischer ihm reicht, als er gerade wieder den Raum betritt, „kann man für eine gewisse Zeit, eine Menge mit einer bestimmten Stärke Strom speichern.

Hier vorne ist eine kleine Lampe, in der ein dünner, genau bemessener Draht, der durch diesen elektrischen Strom zum Glühen gebracht wird. Weil er an der Luft sofort verbrennen würde, hat man aus dieser kleinen Glaskugel, in der er sich befindet, alle Luft entfernt. So glüht er nur, ohne dabei zu verbrennen.

Jetzt gebt acht und erschreckt nicht dabei. Hier im Raum brennen nur zwei Kerzen und draußen ist es dunkel. Jetzt mache ich die Lampe an und leuchte damit gegen die Wand."

Es wird hell. Gerhard ist völlig überrascht. Heiner Voss steht auf und geht ans Fenster.

„Ihr könntet jetzt im Abteiweiher die Fische zählen,

wenn die Wasserfläche nicht gefroren wäre."
Der Lichtkegel trifft auf die Eisfläche, die etwa einhundert Meter unterhalb entfernt liegt. Gerhard nimmt ihm den Scheinwerfer ab und leuchtet damit in der Gegend herum.
Er ist total begeistert. Erst nach einiger Zeit hat er sich wieder beruhigt, so dass Heiner Voss die Lampe ausschalten kann. Sie setzen sich wieder und er schenkt erneut Wein aus, der ihnen gut mundet.

Gerhard, der die Lampe inzwischen selber bedienen kann, steht noch mehrmals auf und leuchtet auch den Weg zum Markt hoch und bis zum Gasthaus hinunter. Dass draußen vor dem Kloster inzwischen eine gewisse Unruhe entsteht, bemerkt er nicht.

Heiner Voss versucht in dieser vorgerückten Stunde Gerhard auf ein neues Thema zu bringen und fragt ihn, wieweit er denn mit dem Dombau in Köln sei.
Es gehe voran, aber es sei eben ein großes Bauvorhaben. Er hoffe, es vielleicht einmal vollenden zu können. Durch die neuen rationalisierten Bauverfahren, die wir erstmals hier in unserem Reich ausprobieren können, haben wir in wenigen Jahren bereits den Ostchor mit seinen sieben Kapellen und die Fundamente für das Querhaus gebaut. Alle setzen sich enorm ein.
„Habt Ihr über die schnelle Fertigstellung, mit dem Teufel gewettet, wie man es sich noch in unserer Zeit erzählt?"
„Ja, aber der hat ja keine Chance zu gewinnen, weil er zu wenig bauliche Kenntnisse hat. Er will, bevor ich den Dom fertig habe, einen unterirdischen Kanal durch die Eifel von Trier bis Köln bauen, so dass eine Ente

diesen Weg schwimmend zurücklegen kann. Weil er aber nicht weiß, dass die Ente in regelmäßigen Abständen Luftlöcher braucht um Frischluft zu haben, wird seine Ente niemals in Köln ankommen."

„Habt Ihr das bereits Eurer Frau erzählt?"

Er sieht uns erstaunt an:

„Nein."

„Wir raten Euch dringend, Eurer Frau diese baulichen Informationen nicht zu geben, der Teufel, diese Bestia immunda, ist schlau."

Gerhard ist weiterhin fasziniert von der Lampe.

Heiner Voss denkt noch darüber nach, ob Gerhard wohl gerade gut zugehört habe.

Nachdem sich die Drei erneut mit dem leckeren Wein zugeprostet haben, steht er wieder auf und leuchtet aus dem Fenster den Weg ab.

Die kleine Menschenmenge, die sich draußen direkt hinter der Klostermauer versammelt hat, fällt ihm auch jetzt nicht auf. Er hört auch ihre Gebete nicht. Als der Krug leer ist und Gerhard noch mehrmals den Lichtstrahl über die Klostermauer geschickt und auch das Gasthaus angeleuchtet hat, haben die Drei die nötige Bettschwere und verabschieden sich für die Nacht voneinander.

Draußen vor dem Kloster ist die Menschenmenge inzwischen beträchtlich angewachsen. Laute Gebete werden gesprochen.

Im Kloster hört sie jedoch niemand.

Die Mönche schlafen im Dormitorium auf der anderen Seite des Klosters auch und die Gäste in ihren Zimmern den Schlaf der Gerechten.

Kapitel VI

Hier wäre Gladebach beinahe zu einem großen Wallfahrtsort geworden. Statt dessen werden die Heiligtumsfahrten eingeführt und der Baumeister Gerhard betätigt sich abends auf dem Markt als Lichtgaukler. Außerdem überfällt einem Mönch die Liebe

Am nächsten Morgen herrscht schon früh große Unruhe im Klosterhof. Zwar hat sich in der Nacht der größte Teil der Menschenmenge verlaufen, als das merkwürdige Licht nicht mehr in Erscheinung trat, aber einige wenige haben in der Kälte bis zum Morgen ausgeharrt.

Später dann, als Bruder Ekkehard seine Pfortenstube betritt, bitten gleich mehrere Personen um Einlass.

Es sind dies der Pfarrer der Pfarrkirche, Tilmannus, den man bereits in der Nacht geweckt hatte und auch der Schulteiss der Abtei, Cornelius von Dülken und noch andere Zeugen der nächtlichen Lichterscheinung.

Alle bitten darum, Abt Dietrich sprechen zu dürfen. Der verdutzte Pförtner öffnet das schmiedeeiserne Tor und lässt die Besucher in den Klosterhof.

Abt Dietrich hat gerade eine Besprechung mit seinem Prior, Godefridus de Wickeraide und dem Camerarius der Abtei, Gerardus Pasche de pasculo in seinem Arbeitszimmer begonnen, in der er über seine geheimnissvollen Gäste berichtet.

Er tut sich etwas schwer in dem, was er ihnen mitteilen will, weil ihm bewusst ist, wie eng die Vorstellungen seiner Gesprächspartner über die Welt sind.

Insbesondere die Darstellung der unglaublichen Reiseumstände der beiden Gäste mittels einer Lichtsäule in der Baustelle des Chores bereitet ihm Mühe, sind sie doch schon für ihn schwer zu fassen. Er selbst ist in der Lage, die Tatsache des Vorhandenseins der beiden so zu sehen, wie sie ist.

Aus den Fragen, die Godefridus de Wickeraide stellt, erkennt der Abt, dass dieser den Vorgang für unmöglich hält. Zwar hatte er die beiden Gäste von ferne auch schon zu Gesicht bekommen, kann sie jedoch nicht recht einordnen.

Sie sind für ihn entweder Betrüger oder Gaukler. Mit rechten Dingen geht das hier für ihn nicht zu.

Der Cellerar Gerardus hat zwar eine gleichgültigere Einstellung. Mit anderen Worten, es ist ihm egal, wo die beiden herkommen. Er liegt aber in geldlichen Dingen mit dem Abt in Fehde. Er hat von Anfang an die Meinung vertreten, den Bau des Chores zurückzustellen, weil er derzeit einfach nicht zu finanzieren ist.

Frater Renaldus Luzo klopft an die Tür des Arbeitszimmers und berichtet, dass sich im Klosterhof der Schulteiss Cornelius von Dülken befindet und auch Pfarrer Tilmannus nebst einigen Bürgern vom Markt. Sie möchten ihn sprechen.

„Sie haben von Wunderdingen im Kloster gehört und Lichterscheinungen gesehen. Sie möchten gerne wissen, was es mit diesen Zeichen auf sich habe."

Dass hat Abt Dietrich noch gefehlt und er sagt:

„Bitte, führe zunächst den Pfarrer und den Schulteiss

herein! Ich möchte jetzt etwas klarstellen."

Pfarrer und Schulteiss kommen herein, nehmen Platz und berichten von den Lichterscheinungen am Abend an der Westseite der Abtei, die immer wieder aufgetaucht und bis in die Nacht hinein von einer zunehmend großen Menge Volkes wahrgenommen worden seien. Sie seien dann beide informiert worden, an den Ort des Geschehens geeilt und könnten bei Gott und allen Heiligen die Vorgänge bestätigen. Das Volk habe angefangen zu beten. Man habe apokalyptische Zeichen gesehen.

Mitten in der Nacht seien die merkwürdigen Lichtphänomene plötzlich verschwunden.

Abt Dietrich will wissen, wo denn das Licht in der Nacht in Erscheinung getreten sei.

„Aus einem Fenster an der Westseite der Abtei, Ehrwürdiger Abt", berichtet Pfarrer Tillmannus.

„Da sind die Fenster des Arbeits- und Wohnraumes von Meister Gerhard."

Abt Dietrich ist erstaunt. Er hatte als erstes an das Zimmer der beiden Gäste gedacht.

Der Camerarius, Bruder Gerardus meldet sich zu Wort:

„Ehrwürdiger Vater, diese wunderbare Lichterscheinung, die von so vielen Menschen gesehen wurde, schickt uns der Himmel. Unser Kloster ist von Gott erwählt, ein großer Wallfahrtsort zu werden. Ich glaube, wir sind unsere Sorgen los."

Prior Godefridus pflichtet dem Camerarius bei, weil der endlich für sich eine Erklärung über die Erscheinung der beiden Fremden hat:

„Also sind die Fremden keine Gaukler, sondern von Gott gesandte Propheten."

Abt Dietrich:

„Nun mal langsam meine Herren, das Licht kam aus dem Arbeitszimmer von Gerhard von Rile. Ich glaube, wir sollten alle drei Herren einmal an unseren Tisch bitten."
Er ruft den Novizen, Frater Renaldus herein:
„Renaldus, sieh mal nach unseren Gästen und bitte sie und Meister Gerhard, wenn es ihnen genehm ist, in unsere Besprechung zu kommen."

Peter Fischer und Heiner Voss befinden sich mit Gerhard gerade beim Frühstück in der Küche und unterhalten sich mit Bruder Andreas de Fleck, dem Koch, über die wartenden Menschen im Klosterhof.

„Warum sind alle diese Menschen hier", fragte Gerhard den Koch.

„Ich habe nur etwas von einem Wunder gehört, der Pfarrer und der Schulteiss sind schon beim Abt."
Renaldus kommt die Treppe im Kreuzgang hinunter zur Küche:

„Ah, meine Herren, da seid Ihr ja. Eine Empfehlung von Abt Dietrich, wenn die Herren zu Ende gespeist haben, bittet er Euch zu einer Besprechung."

„Ja, danke, wir sind bereit."

Der Novize meldet sie im Arbeitszimmer des Abtes an und sie nehmen am langen Tisch Platz.

Nachdem Abt Dietrich die Anwesenden mit einander bekannt gemacht hat, ohne jedoch direkt über die Herkunft der Gäste zu sprechen, erläutert er ihnen kurz, dass in der Nacht merkwürdige Lichtphänomene von einem großen Teil der Bevölkerung beobachtet worden sei und zwar an der Seite des Klosters, an denen ihre

Zimmer lägen. Man würde im Ort bereits von einem Wunder sprechen.

„Vielleicht könnt Ihr zur Aufklärung beitragen?"

Gerhard von Rile räuspert sich und erklärt:

„Ich habe gestern Abend ein interessantes Lichtgerät kennen gelernt und mehrmals benutzt. Das mag die Leute aufmerksam gemacht haben."

An Heiner Voss gewandt sagt er:

„Wir sollten es hier einmal vorführen."

Heiner Voss steht auf und holt den Scheinwerfer aus seinem Zimmer.

In der Zwischenzeit unterrichtet Peter Fischer die Anwesenden:

„Es handelt sich um nichts anderes als eine Lampe, wie sie auch bei Euch existiert. Lediglich kommt das Licht nicht von einem offenen Feuer wie bei Stalllaternen, sondern von einem Draht, der durch gespeicherte Energie zum lichtstarken Glühen gebracht wird. Es wird später nichts Besonderes sein."

Heiner Voss betritt mit der Lampe den Raum und stellt sich in die eine dunkle Ecke des Raumes.

„Bitte nicht erschrecken, wenn ich die Lampe jetzt einschalte."

Er legt den Schalter um und leuchtet in die andere Ecke. Alle Anwesenden weichen erschreckt zurück, als der Lichtstrahl für sie in nicht gekannter Helligkeit auf die andere Wand trifft. Er bewegt die Lampe und man sieht den Lichtstrahl wandern. Dann schaltet er die Lampe wieder aus und erläutert:

„Die Energie dieser Lampe hält nicht ewig. Wenn sie verbraucht ist, wird die Lampe verlöschen."

Er stellt die Lampe auf den Tisch, so dass sie von den Anwesenden betrachtet werden kann.

Als erster greift der Camerarius Gerhardus Pasche genannt de pasculo nach ihr und dreht sie gedankenverloren in den Händen herum.

„Ehrwürdiger Vater, meine Herren, wir haben jetzt eine für uns kaum fassbare Erklärung gehört. Die Menschen da draußen glauben jedoch an ein Wunder. Ich meine, wir dürfen sie nicht enttäuschen in dem wir ihnen rationale Erklärungen liefern, die sie, und wir ja im Grunde auch nicht, verstehen.

Dieses Wunder gibt uns die gute Gelegenheit, Kloster und Münster Gladebach zu einem Wallfahrtsort von überregionaler Bedeutung zu machen. Schon die Tatsache des Auftauchens von Menschen aus der Zukunft, wie sie sagen ehrwürdiger Vater, sagt uns etwas über die Bedeutung des Ortes. Wo gibt es das sonst noch. Wir müssen weit in der Bibel zurückblättern, um auf Propheten zu stoßen, die über die Zukunft die Wahrheit aussagen.

Wir könnten dann ohne finanzielle Sorgen unsere Kirche weiter bauen und das Kloster zu einem Prachtbau machen."

Er sieht sich Zustimmung erheischend im Kreise der Anwesenden um.

Abt Dietrich schüttelt den Kopf:

„So sehr Eure finanziellen Sorgen auch die meinen sind, bin ich doch mit Eurer Denkweise nicht einverstanden, Bruder Gerhardus.

Ich werde dieses Volk da draußen nicht belügen und wenn es mir noch so schwer fällt, ihm die Lichtphänomene, oder gar das Auftauchen von Menschen aus der Zukunft zu erklären.

Darüber hinaus gibt es durchaus Möglichkeiten von Wallfahrten zu uns, wenn ich an die Reliquienschätze unserer Abtei denke. Wir könnten zum Beispiel in Anlehnung an Aachen und Korneliemünster Heiligtumsfahrten ausrufen, die alle 7 Jahre stattfinden. Wir kämen dann dem Bedürfnis der Menschen durch unsere eigenen heiligen Reliquien unserem wahren Glauben getreu entgegen."

Heiner Voss bestätigt den Gedanken des Abtes:

„Der Gedanke, solche Veranstaltungen nur des Geldes wegen zu machen, ist absurd und wird, wenn ich an die zunehmenden Ablassregelungen der Kirche denke, in Zukunft die Kirche immer mehr in Schwierigkeiten bringen und dann in etwa zweihundert Jahren eine der Ursachen eines großen abendländischen Schismas sein. Was aber die Heiligtumsfahrten betrifft, werden sie bis in unsere Zeit, die letzte war 2007, stattfinden.

Ihr werdet es also machen."

„Ihr erleichtert unsere Entscheidung, seid herzlich bedankt." Der Abt freut sich und stellt zugleich die Frage:

„Aber wie erklären wir unseren Bewohnern von Gladebach, was sie für ein Wunder halten?"

Gerhard von Rile meldet sich:

„Ich habe Euch da rein geritten, ich hole Euch wieder da heraus. Wir werden heute Abend eine Veranstaltung auf dem Markt machen. Könnt Ihr", er wandte sich an den Schulteiss Cornelius von Dülken und legte ihm die Hand auf den Arm, „für heute Abend eine solche Veranstaltung als große Sensation, wie wenn Gaukler bei Euch auftauchen, ausrufen lassen? Ihr könnt mich mit meinem Namen ankündigen. Vermeidet nur Worte wie ‚Wunder' und ‚Erscheinung'. Wenn ihr hier im Kloster noch Feuerwerk auftreiben könnt, um so besser.

Ihr habt doch neulich aus einem Buch des Roger Ba-

con zitiert, der dieses Donnerkraut beschrieben hat, auch als Kinderspielzeug. Wollte einer Eurer Brüder nicht versuchen, so was herzustellen?"
Abt Dietrich lachte schallend:
„Mein Baumeister und der Baumeister des Kölner Doms auf dem Marktplatz von Gladebach als Lichtgaukler, das muss ich auch erleben. Ich bin dabei.
Ich habe sowieso in diesem Jahr versäumt, zu meinem Namenstage am 2. Februar etwas zu unternehmen. Ruft es als nachträgliche Feier zu Ehren des hl. Dietrich aus. Ich werde gegen 18.00 Uhr mit dem ganzen Konvent dort erscheinen. Beschränkt es aber auf eine Stunde."

Abt Dietrich hebt die Besprechung auf und der Pfarrer und der Schulteiss verabschieden sich. Im Klosterhof unterrichten sie die noch anwesenden Wartenden und Cornelius von Dülken lässt seine beiden Boten rufen und instruiert sie. Dann besorgt er Feuerwerk.
Vom Abt bekommt der Koch den Auftrag, für den Abend auf dem Markt einen Stand mit einem großen Topf Punsch bereit zu stellen. Bruder Andreas de Fleck gibt entsprechende Weisungen an sein Personal.

Gegen 18.00 Uhr kommt Abt Dietrich mit seinen Mönchen aus dem Kloster den Weg ‚Am Berge' hoch auf den Markt.
In der Nähe des Brunnens hat Bruder Andreas von seinen Leuten am Nachmittag schon den Stand aufbauen lassen als Ablage für die Gläser. Im Topf, der an einem Dreibein über dem Feuer hängt, dampft der Glühpunsch.
Eine grosse Menschenmenge ist bereits zusammenge-

kommen. Sie will sich nichts entgehen lassen. Der süßliche Geruch des Getränkes steigt den Bürgern in die Nase und sie drängen sich um Bruder Andreas.

Peter Fischer und Heiner Voss haben sich in der Dunkelheit an den Rand der Menge gestellt. Bis auf eine brennende Pechfackel am Stand, und dem Feuer unter dem Glühwein ist es dunkel.

Meister Gerhard und Cornelius von Dülken bereiten noch das kleine Feuerwerk vor. Gerhard hat den Scheinwerfer in der Hand.

Als die Mönche den Platz erreicht und sich gegenüber der Menge aufgestellt haben, gibt er dem Schulteiss ein Zeichen und dieser zündet ein paar Feuerwerkskörper an, um die Menge zum Schweigen zu bringen Das Donnerkraut zischt und kracht.

Das sehen die Gladebacher zum ersten Mal.

Bruder Christian hat es in stillen Stunden entwickelt.

Jetzt erhebt Baumeister Gerhard seine Stimme:

„Sehr verehrtes Publikum, letzte Nacht seid Ihr Zeuge geworden von meinen Versuchen, mit Licht zu experimentieren. Mag sein, dass viele an Wunder dachten, als sie den Lichtstrahl gesehen haben. Ich habe zu dieser Veranstaltung aufgerufen, um zu zeigen, dass alles mit rechten Dingen zugeht. Ich werde jetzt diese Lampe leuchten lassen und Ihr werdet sehen, was Ihr auch gestern schon gesehen habt."

Er schaltet den Scheinwerfer an und auf dem Markt erklang ein vielstimmiges „Ahhhhh."

Er wandert mit dem Scheinwerfer umher und leuchtet auf der anderen Seite die Häuser an. Er leuchtet in die Luft und alle sehen den hellen Lichtstrahl, drehen sich mit dem Lichtstrahl in alle Richtungen.

Dann bittet er einen jungen Mann zu sich und geht mit

ihm zum Brunnenund fordert ihn auf:
„Erzähle, was Du siehst.“
Er leuchtet in den Brunnen. In etwa 80 Fuß Tiefe leuchtet die Wasserfläche auf.
„Ich seh das Wasser, ich seh das Wasser und den Eimer tief unten.“

Etliche Besucher wollen auch die Wasserfläche des Brunnens sehen, die selbst bei Tage kaum zu sehen ist. Andere wollen den Scheinwerfer selbst einmal in die Hand nehmen und leuchten dann die Häuser an. Einige Mönche drängen nach vorne und nehmen den Scheinwerfer in die Hand.
Bruder Andreas hat inzwischen begonnen, Glühpunsch auszuschenken und ruft:
„Unser ehrwürdiger Abt gibt zu seinem Namenstage einen Glühpunsch aus! Außerdem steht Gerhard von Riele, der Baumeister unseres Münsters und des Kölner Domes noch eine Zeit lang für Eure Fragen zur Verfügung.“
Einige Fackeln werden dann doch noch angezündet und viele wollen mit der Lampe bis in den Himmel leuchten. Man fragt sich zwar immer noch, wie das Licht zustande kommt, aber um ein Wunder handelt es sich offensichtlich nicht. Das wird allen jetzt klar.

Nach einiger Zeit ziehen die Mönche sich wieder ins Kloster zurück. Die geheimnisvollen Gäste aus der Zukunft sind in der Dunkelheit nicht aufgefallen. Sie sehen, wie Meister Gerhard von den Menschen in Gespräche verwickelt wird. Immer wieder will jemand die Lampe befühlen und damit leuchten. Auch die glatte silberne Oberfläche, die aber nicht aus Silber ist, erstaunt die Menschen. Sie denken, er habe die Lampe aus Köln mitgebracht. Dort gibt es Vieles, was es hier nicht gibt.

Das Licht der Lampe wird immer schwächer und gibt endgültig keinen Lichtschein mehr, obwohl immer wieder jemand den Schalter betätigt.
„Jetzt kann diese Lampe hier nicht mehr leuchten. Sie ist erloschen wie das Leben eines Menschen, wenn er verstorben ist."
Der Schulteiss Cornelius von Dülken entzündet noch einmal das Feuerwerk und sagt:
„Seht her, auch das ist erst vor einiger Zeit erfunden worden, ersonnen von Roger Bacon im Engeland. Heute gibt es Donnerkraut schon als Spielzeug für Kinder."
Die wenigen Bediensteten der Abtei schöpfen weiter heißen Punsch aus, bis das Fass leer ist. Dann bauen sie den Stand wieder ab.
Die Menschenmenge verläuft sich schnell, denn es ist sehr kalt.
Gerhard und die Gäste in den langen dunklen Mänteln gehen dann auch zur Abtei zurück.
Da sieht Heiner Voss Finja de Fischerin, die sich ebenfalls die Lichtschau des Meister Gerhard angesehen hat. Sie steht am Rand des Marktes und spricht mit einem Mönch, der zurück geblieben ist.
Im Vorbeigehen erkennt er den jungen Renaldus, der dem Mädchen mit Begeisterung scheinbar von den Vorkommnissen im Kloster erzählt. Auf dem Weg zur Klosterpforte beobachtet er noch, wie die beiden den Weg 'Am Berge' nach unten verschwinden.

Finja hatte schon am Tage von der Ankündigung

einer besonderen Veranstaltung gehört und auch, dass am Abend vorher Menschen an der Klostermauer besondere Lichtzeichen gesehen hatten. Sie selbst war früh zu Bett gegangen und hatte von all dem nichts bemerkt.

Am Morgen hatte sie viel Arbeit gehabt.
Diese Fremden waren ihr behilflich gewesen, endlich ein Loch in die Eisdecke zu bekommen und so wieder Fischen zu können. Das hatte sie den ganzen Tag ausgenützt. Morgen würde sie weiter machen und dafür sorgen, dass die Eisdecke sich nicht wieder schließt.

Ihr Vater hatte ihr in dieser Hinsicht viel Erfahrung vermitteln können, aber in diesem Winter hatte sie es fahrlässig versäumt, auf die Vereisung zu reagieren und sie rechtzeitig zu verhindern.

Überhaupt ihr Vater – wenn sie daran denkt, wie sie mit ansehen musste wie er ertrank, ohne im helfen zu können, kommen ihr immer die Tränen.

Dabei war er ein mutiger Mann gewesen, den man vor vielen Jahren, weit vor ihrer Geburt, auf einem Piratenschiff weit im Norden entführt hatte. Er mußte lange Zeit unter diesen Seeräubern auf dieser kleinen Schnigge aushalten. Die Flucht war ihm gelungen, weil die Räuber sich in den Kopf gesetzt hatten, auf dem Rhein den Schiffsverkehr zwischen Köln, London und Brügge abzufangen, um reiche Beute zu machen. Sie wussten nicht, dass er gut schwimmen konnte und so war er ihnen in der Nähe von Neuss entkommen, wo er unbemerkt ans Ufer geschwommen ist.

Seinen abenteuerlichen Geschichten hatte sie immer gern gelauscht.

Ihre Mutter, die leider viel zu früh gestorben war, hatte er hier Gladebach kennen gelernt.

Die Mönche dort oben brauchten zudem einen erfahrenen Fischer. So hatten sie ihr Auskommen.

Renaldus der Mönch geht ihr nicht aus dem Kopf.
Er war mehrmals schon zu ihr gekommen, um für den Abt Fische zu holen, die er dann dem Koch zur Zubereitung brachte. Früher hatten dies immer Bedienstete gemacht. Seit kurzem fand er öfter die Zeit, diesen Gang zu ihr zu machen. Er lächelt sie immer in dieser betörenden Weise an. Dabei umfassen seine starken Hände den Eimer mit den Fischen. Sie fragt sich, wie es wohl wäre, die Hände zu berühren.
Heute abend hatte er sie nach der Lichtschau nach unten begleitet, obwohl er mit den anderen eigentlich ins Kloster hatte gehen müssen. Zum Schluss war er ihr kurz sehr nahe gekommen.
Sie spürt, welch ein Aufruhr das in ihr ausgelöst hat. Das verwirrt sie sehr.
Sie überlegt, was das zu bedeuten hat. Sie weiß nicht, was mit ihr los ist.

Nachdem Renaldus die Fischerin bis zu ihrer Hütte begleitet und sich von ihr verabschiedet hatte, war er auf kurzem Weg die Treppen zum Münster hinauf und über die Baustelle ins Dormitorium geeilt. Seine kurzzeitige Abwesenheit ist von niemandem bemerkt worden.
Nun ist auch er ganz verwirrt. Was fällt ihm da nur ein, dieses Mädchen so zu lieben?
Wollte er nicht bald auch das Gelübte der Keuschheit ablegen? Er kommt sich zunehmend töricht vor.
Trotzdem geht sie ihm nicht aus dem Kopf.
Er lebt in der Gemeinschaft der Mönche und hat sich

nach der Regel des Klosters zu richten: ora, labora, vita communis – Gebet, Arbeit, Gemeinschaft.
Dabei hat er hier eine herausgehobene Stellung als Diener und oft auch Sekretär des Abtes, sozusagen eine Vertrauensstellung mit vielen Privilegien.

Andererseits, es ist bisher nichts Unschickliches geschehen. Er muss nur immer wieder an dieses Mädchen denken.

Renaldus findet keinen Schlaf in dieser Nacht. Ihm wird klar, dass er nicht von seinem Vorhaben, in der Gemeinschaft von Mönchen zu leben, abweichen will. Morgen wird er das Gespräch mit seinem Abt suchen und bitten, ihn in das Kloster St. Pantaleon in Köln gehen zulassen.

Er braucht Abstand.

Kapitel VII

in dem eine Kapitelversammlung stattfindet, bei der über die Entwicklung der Religionen diskutiert wird und dabei Konflikte auftreten, die für die Zeitreisenden gefährlich werden

Die Mönche des Klosters St. Vitus haben am Abend noch lange über die Lichtschau des Meister Gerhard, und in diesem Zusammenhang auch über die sich bisher im Hintergrund haltenden Fremden diskutiert. Einiges haben sie von Bruder Matthäus erfahren und auch der Camerarius hat ihnen Merkwürdiges erzählt. Es ist am Morgen unter ihnen immer noch eine Unruhe zu beobachten, die ungewöhnlich ist. Immer, wenn mehrere Menschen zusammenstehen oder zusammen arbeiten, sind sie in Gespräche vertieft. Das ist sonst nicht so üblich. Diese neue Lichttechnik kann nicht von Meister Gerhard sein.

Auch in Köln gibt es so etwas nicht, das wissen sie. Bruder Matthias hat diese Gäste vor drei Tagen auf der Baustelle vorgefunden und seither bei den Gesprächen, an denen er beteiligt war, viel darüber erfahren. Er hat aber auch den Brüdern nicht alles mitgeteilt.

Der Ordo Sancti Benedicti lebt in Gladebach seit über zweihundertfünfzig Jahren nach den Regeln des heiligen Benedikt, die dieser fast weitere fünfhundert Jahre vorher aufgeschrieben hat. Als der älteste christliche Mönchsorden hat er schon mehrere Reformen erlebt.

Der erste Abt des hiesigen Klosters, genannt mit

Namen Sandrad, war selbst ein Reformator und die Mönche hatten in den fast dreihundert Jahren seit Bestehen dieses Klosters ein streng nach den Regeln zuchtvolles und gottesfürchtiges Leben geführt. Der seit Beginn des dreizehnten Jahrhunderts zu beobachtende gesellschaftliche Wandel im hohen Mittelalter, welches sich freilich als solches nicht sah, geht aber auch an den Mönchen der Benediktinerabtei Gladebach nicht spurlos vorüber.

Die Mönche sind zudem alle adeliger oder auch ritterlicher Abstammung und in aller Regel die Zweit- oder später Geborenen ihrer Familien, denen deshalb das Familienerbe nicht zusteht. Sie bekommen eine Mitgift, die sie in das Kloster einbringen. Langsam entwickelt sich das Kloster zu einer Versorgungsanstalt, in der es sich gut leben lässt. Diese Tendenz macht sich in der zweiten Hälfte des dreizehnten Jahrhunderts und auch im darauffolgenden zunehmend bemerkbar. Ein Teil der Konflikte, der um das Vermögen des Konventes und des Abtes Dietrich entstehen, hat hierin seine Ursache. Die Mönche sehen, dass der Abt, den sie erst vor sechs Jahren gewählt haben, mit großer Energie den Bau des Chores betreibt, weil er etwas Großartiges schaffen will. Zwar hatten sie für dem Neubau auch zugestimmt, hätten es aber gern gesehen, wenn alles langsamer vonstatten ginge. Die Visionen eines Dietrich haben sie nicht.

Was sie nicht wissen ist, dass ein Neubau im herkömmlichen Baustil nach den Vorgängerplänen eines Wolberos auch nicht preiswerter zu bekommen ist. Man hätte lediglich die Bauphasen verlängern und somit die Kosten auf eine längere Zeit verteilen können. So war es damals bei Langhaus und Westbau geschehen.

Aber dieser Gerhard legt eine Geschwindigkeit vor, die sie erschreckt. Sie begreifen nicht, dass damit auch die Absicht verbunden ist Kosten zu sparen. Denn ihr Bruder Matthäus Lotharius, kann nach dem modernen Serienfertigungsverfahren die Winter über weiter arbeiten und gerade die teuren Steinmetzarbeiten zu einem großen Teil selber ausführen.

Die Gespräche führen sie an diesem Morgen über die Gäste der Abtei. Etliche Brüder haben bereits mit den Gästen Kontakt gehabt, Bruder Matthäus Lotharius weiß am meisten zu berichten, aber sie wollen nun endlich von Abt Dietrich hören, was es mit den Gästen auf sich hat.
Was sie gestern Abend erlebt haben, war ihnen ein Rätsel, weil ja nicht die Fremden, sondern Gerhard von Rile auf dem Markt mit dieser neuen Lichttechnologie aufgetreten war. Der Abt hat nämlich bisher geschwiegen.
Untereinander wird immer häufiger der Wunsch nach einer außerordentlichen Kapitelversammlung laut und schließlich über den Prior an den Abt herangetragen. Man wünscht, die beiden Fremden mögen hierbei anwesend sein, um auch sie befragen zu können.
Abt Dietrich hat das natürlich über kurz oder lang erwartet und setzt nach der Non (etwa 15.00 Uhr) eine solche Zusammenkunft an.

Peter Fischer und Heiner Voss sitzen mit Gerhard von Rile gerade beim Frühstück und besprechen die Situation auf der Baustelle, die sie gleich noch einmal überprüfen wollen. Es scheint, als ob sich das Wetter verändert. Die Kälte lässt nach.

Im Kreuzgang begegnet ihnen Frater Renaldus de Luzo, der sie bittet, doch kurz einmal bei Abt Dietrich vorbei zuschauen, der sie sprechen möchte.

Abt Dietrich, teilt Ihnen die Einladung des Konvents für nach der Mittagszeit mit und lädt auch Gerhard dazu ein.

In der Krypta hat Bruder Christian die Holzkohlenfeuer die vergangenen Tage gut erhalten und damit den Frost aus dem Gewölbe gehalten. Er hat nämlich die Feueröfen hin und wieder umgestellt, damit die Wärme auch jeden Winkel erreichte.

Darüber sind sie hoch erfreut und danken ihm.

Auch mit der Holzkohle hat er gut gewirtschaftet und in Absprache mit Bruder Matthäus Lotharius bisher nur zwei weitere Fuhren kommen lassen müssen.

Meister Gerhard sagt ihm, wenn der Frost weiterhin nachlasse, kann er dem Fuhrmann nach seiner nächsten Lieferung sagen, dass bis auf weiteres keine Holzkohle mehr benötigt werde.

Mathäus Lotharius ist in seinem Schuppen dabei, Steine für das Maßwerk zu bearbeiten. Meister Gerhard zählt die bereits gefertigten Stücke der verschiedenen Formen. Er tritt mit Matthäus vor einen Plan, der an der Wand befestigt ist und vergleicht die dort vermerkten Stückzahlen innerhalb des aufgezeichneten Maßwerkes.

Er vereinbart mit ihm, die Stücke gleich zu fertigen und zusammenzulegen, damit er einen guten Überblick behalte. Die Maurer können dann im Frühjahr ohne Verzögerung daraus entnehmen, wie gearbeitet werden muss.

Als Gerhard noch einmal mit Matthäus Lotharius in alle Ecken der Baustelle Einblick genommen hat, verkündet er, dass er morgen wieder abreisen werde. Heute nähme er noch gerne an der Kapitelversammlung teil, von der Bruder Matthäus gerade auch erst erfährt.

In Begleitung des Abtes betreten die drei zum ersten Mal den Kapitelsaal. Er liegt im ältesten Teil des Klosters, ist nur schlecht zu beheizen, und auch nicht besonders groß. An den Wänden und im hinteren Bereich stehen Bänke. Vorne, neben der Türe, sind noch einige Sitzgelegenheiten neben dem Stuhl des Abtes geschaffen worden.

Die Mönche sind bereits versammelt und erheben sich, als Abt Dietrich mit den Gästen den Raum betritt. Dieser eröffnet die Zusammenkunft mit einem Gebet, unterrichtet den Konvent von den Ereignissen der letzten Tage und erwähnt außerdem auch die Gäste, die aus einer anderen Zeit, der Zukunft nämlich, berichten könnten. Auch hätten sie als erstes das Gewölbe der Krypta gerettet, noch bevor der Baumeister aus Köln eingetroffen sei.

Er räumt ein, es sei ihm zunächst sehr schwer gefallen, die Tatsache der Ankunft der Reisenden aus der Zukunft zu begreifen und habe sich auch deshalb schwer damit getan, den Konvent zu informieren. Inzwischen habe er mit den Gästen bereits einige Gespräche geführt und halte es nun für sinnvoll, dass die Gespräche in diesem Kreise fortgeführt würden.

Als erster meldet sich der Prior Godefridus de Wickeraide zu Wort.

„Sagt uns, gehe ich recht in der Annahme, dass Ihr

Propheten seid? Könnt ihr uns über die Zukunft berichten?"

Heiner Voss steht auf und führt aus:

„Ob wir von Gott gesandt sind, wissen wir nicht. In der Bibel wird von den Propheten berichtet, dass sie meist mit einem speziellen Auftrag von Gott gesandt wurden, um den Menschen zu sagen, wie sie ihr Verhalten ändern müssten, damit sie ihm wohlgefallen. Damit können wir nicht dienen.

Von furchtbaren Ereignissen durch die Hand der Menschen, davon könnten wir zu Hauf berichten, ohne dass Ihr noch etwas ändern könntet. Sie sind in unserer Zeit bereits geschehen.

Als ein Beispiel dafür wären die Ereignisse zu nennen, die sich in den 1930er und 1940er Jahren abspielen werden. In dieser Zeit werden sechs Millionen Juden auf grausamste Weise gerade von unserem Volk umgebracht.

Könnt Ihr Euch so etwas vorstellen?

Wo sind die Ursachen für eine solche Entwicklung zu suchen, die über viele Jahrhunderte, auch weit vor Eurer Zeit bereits Grund gelegt wurden?

Betrachten wir z.B.Bilder der christlichen Kunst, die das Verhältnis der Christen zu den Juden deutlich machen.

Da gibt es, wie Ihr wisst, die Frauenfiguren der Ecclesia und Synagoga, die variantenreich in ihrem Auftreten in der Geschichte aus der Sicht der christlichen Kirche sich darstellt. Darin werden sie zunächst, etwa im 9. und 10. Jahrhundert, von der Idee der Concordia, friedlich nebeneinander stehend, beherrscht.

Die Synagoga wird noch gar nicht geschmäht und Ecclesia triumphiert noch nicht über sie. Walter von der

Vogelweide besingt in seinem 'Lob Gottes': 'IHM dienen Christen, Juden und Heiden'. Sie sind noch als Glaubenssymbole Glieder einer höheren, aber wohl bereits gefährdeten Einheit gedeutet.
Mag sein, dass diese Concordia durch Karl den Großen gefördert wurde, der den Juden wohl gesonnen war. Vielleicht war man zu dieser Zeit sogar geneigt, das Judentum in einigen Kreisen als attraktive Religion anzusehen.

Das führte dazu, dass die Kirche, die sich immer noch schwach fühlte, den Gläubigen den Umgang mit Juden verbot, aber auch mit der Missionierung begann.

Aus dieser Zeit gibt es Bilder, auf denen Ecclesia und Synagoga in einer Disputation verwickelt sind.

Bald schon aber macht Ecclesia mehr und mehr ihren Herrschaftsanspruch offen über die Synagoga und alle Völker geltend.

Im Zeitalter der Kreuzzüge wurden die Juden erstmals als 'Mörder Christi' in gehässiger Weise diffamiert. Eure Zeit, die Zeit der Staufer, kommt dabei noch gut weg, weil die Idee der Concordia für kurze Zeit wieder auflebt.

Wir sehen es beispielhaft an der halbwegs gleichberechtigten Darstellung der beiden Figuren am Strassburger Münster. Aber auch hier wird sie - wie an anderen Stätten, zunehmend als 'Verblendete' dargestellt. Dazu sieht man sie immer häufiger auch mit negativen Attributen wie z.B. einer zerbrochenen Lanze, im gelben Gewand einer Hure, als Verleumdete, Beschuldigte, Diffamierte, Verteufelte, und schließlich Besiegte.

Im Laufe der Jahrhunderte geht dies immer so weiter.

Während Ecclesia sich mehr und mehr aufschwingt zur erwählten, siegreichen Schönheit, die sich zum Himmel aufschwingt, wird die Synagoga als Allegorie des Unglaubens in der Gestalt eines alten Weibes erniedrigt, besudelt in die Gosse und in den Höllenschlund gestoßen.
Obwohl es doch die Römer waren, die den Tod Jesu verschuldeten, wird sie nun auch als Mittäterin gesehen. In späterer Zeit wird Synagoga gar mit einem Turban dargestellt um damit zu zeigen, dass die Juden nicht zum europäischen Kulturkreis gehören. Es gab auch die Darstellung der Synagoge mit blutendem Bockskopf, dem Zeichen eines ausschweifenden Lebens.

Im Erfurter Dom des 15. Jahrhunderts sehen wir eine Turnierszene, in der Synagoge rücklings auf einer Sau reitend und mit Judenhut bekleidet, schließlich getroffen zu Boden wankt.
Ecclesia aber reitet mit eingelegter Lanze hoch zu Ross mit einem Schild.

Schließlich sieht man Synagoge im Sarg liegen, was uns sagen soll: die Zeit des Judentums ist abgelaufen. Die Folge davon ist, dass die Juden gänzlich ort- und heimatlos werden.

Das Gejohle und 'Hep! Hep! - Geschrei, sowie die Steinwürfe gegen jüdische Häuser sowie Zertrümmerung von Synagogen, und Progrome nehmen zu.
Ganz Verhängnisvoll ist, dass das Christentum schließlich seine jüdischen Wurzeln vergisst und bestreitet und außerdem die Kirche die Judenfeindschaft schürt. Hierdurch wird der Boden bereitet für einen rassistischen Antisemitismus mit den bekannten Folgen im 20. Jahrhundert, wie ich schilderte.

Wir sehen also, das der Antisemitisumus unserer späteren Zeit nichts war, was im verborgenen schlummerte, um zu bestimmten Zeiten der Geschichte urplötzlich hervorzubrechen.

Wir können auch annehmen, es handelt sich um eine zentrale, endemische Emotion des Volkes: die geflüsterten Märchen, die in der Wiege beginnen, die verächtlichen Anspielungen die Kindheit über, die später kontinuierlich und radikaler in Schulen und den meisten Institutionen ihren Ausdruck finden, so dass ein ganzes Volk automatisch eine kleine Saat von Vorurteilen in sich aufnimmt. Ein Volksverführer wie Adolf Hitler und seine Vasallen haben den Antisemitismus nicht erfunden, sondern geschickt genährt und dann aufflammen lassen.

Und obwohl dieses alles aus unserer Sicht geschah, haben sich die Christen noch lange nach dem Völkermord geweigert, die jüdische Herkunft des Christentums anzuerkennen.

Ein Theologe unserer Zeit mit Namen Johann Baptist Metz bescheinigt 1980 Christen eine hohe Verblüffungsfestigkeit. Noch 1953 wurde im Hochaltar des Stefansdom zu Passau und gar noch im 1991 erbauten Ambo unserer Münster Basilika in Mönchengladbach das alte Bildschema von Ecclesia und Synagoga dargestellt.

Was würde es bedeuten, wenn es uns gelänge, in Eurer Zeit bereits die Erkenntnis unserer Zeit zu vermitteln. Also, dass man bei Euch voll anerkennen würde, dass Jesus ein rechtgläubiger Jude war. Was würde es ändern können?

Dass Jesus selbst Jude war und dieses nicht akzeptiert

wird, sowie die Auffassung, die Juden haben ihn ans Kreuz geliefert, sind die Ursache für die vielen Progrome die in der Zukunft sein werden."

Heiner Voss setzt sich wieder.

Godefridus de Wickeraide:

„Ja aber die Juden haben Christus ans Kreuz geschlagen! Es zerriss der Vorhang im Tempel auf Sion und damit der Bund zwischen Jahwe und seinem Volk. Wir unterscheiden zwischen dem Volk Israel vor dem Tode Christi und danach."

Peter Fischer ergreift das Wort:

„Was immer Ihr tut, es ändert nichts, weil es bei uns schon passiert ist.

Ihr werdet in Eurem neuen Hochchor in etwa zehn Jahren ein wunderschönes Bibelfenster einbauen lassen, das in unserer Zeit hier im deutschen Land neben einem im Dom zu Köln zu den bedeutendsten Erbstücken dieser Art zählen wird. Es grenzt schon an ein Wunder, dass es so lange Zeiten der Wirrnis überstehen wird. Und in diesem bunten Fenster wird eine Szene dargestellt werden, in der sogar ein Jude Jesus anspuckt. Wäre es nicht ein Anfang im oben genannten Sinne, wenn Ihr in diesem Konvent einen Diskurs darüber führen würdet, diese Szene aus den genannten Gründen nicht darstellen zu lassen?

Ihr kennt doch die Karfreitags-Fürbitten für die Juden: 'Lasst uns auch Beten für die treulosen Juden: Gott, der Herr möge den Schleier von ihren Herzen wegnehmen, damit auch sie unseren Herrn Jesus Christus erkennen, der auch die jüdische Untreue nicht von seinem Erbarmen ausschließt...'

Aber, was sage ich. Auch wir sind in unserer Zeit

noch nicht in der Lage, Grundlegendes zu ändern.

Eine Figur der Ecclesia in der Kunst unserer Zeit, die den Reliquienschatz in einem Apostelschrein dieser Kirche auf Händen trägt, steht immer noch alleine dort.

Neben ihr müsste eigentlich eine Figur der Synagoge stehen, eine Wurzel tragend, um den Ursprung unserer Religion damit anzuzeigen.

Diese heiligen Kriege, in Eurer und bis hinein in unsere Zeit, üblich in vielen Religionen, sind eine große Gottlosigkeit und vom Übel. Ebenso die Vorstellungen, man solle alle Ketzer töten, weil der Herr die Seinen schon erkennen werde.

Dabei gibt es auch Beispiele, wo Religionen entscheidend zum Frieden beigetragen haben und auch noch beitragen.

Aber in Eurem Namen Godefridus, der bei uns Gottfried gesprochen wird, erkenne ich Gott und Frieden. Warum beharrt Ihr auf der kriegerischen Variante des Christentums, nach dem, was Ihr eben gehört habt?"

Bruder Giselbert von Wels, der Hospitalar meldet sich: „Wir kennen uns ja bereits von Eurem Besuch neulich in unserem Gasthaus. Ich möchte Euch fragen nach dem Wirken des Antichrist in der Welt, was sagt Ihr darüber?"

Heiner Voss antwortet:

„Mir scheint, eine Variante des Antichrist ist das Beharren von Vorurteilen in unseren Köpfen. Wie schwer wir uns damit tun, unsere Einstellungen zu ändern."

Peter Fischer:

„Es gibt heute wie auch in Zukunft die löbliche Vorstellung, dass jeder Mensch durch seiner Hände Arbeit und auch durch seinen Einfallsreichtum sein Auskommen hat.

Aber es hat sich durch Spekulationen und exzessivem Reichtum einiger Bürger, in zunehmendem Maße die Geldwirtschaft und das Geld auf der Welt verselbständigt. Auf der anderen Seite fehlt einer überwiegenden Mehrheit der Menschheit das Existenzminimum. Wenn das nicht die Wirkung des Antichrist ist?"

Heiner Voss:

„Wir haben den Eindruck, dass in Eurer heutigen Zeit die Furcht der Menschen vor der ewigen Verdammnis in unverantwortlicher Weise von der Kirche, sagen wir von säkularen Klerikern, den Fürstbischöfen, mit ihren weltlichen Machtinteressen geschürt wird. Was sagt Ihr dazu? Ist da nicht auch der Antichrist am Werk?"

Der Prior, Godefridus de Wickeraide ruft:

„Sagt Ihr uns etwas über den Antichrist!

Wo kommen wir hin, wenn ungebildete Laien die schändlichsten Häresien verkünden und die Knechte die Gesetze Gottes und der Natur verkennen. Sie selber wollen Gesetze erlassen und damit die Ordnung Gottes stören? Diejenigen sind Ketzer, die die göttliche Ordnung auf den Kopf stellen. Ihr redet so, als sei dies in Eurer Welt an der Tagesordnung und eine Selbstverständlichkeit."

Abt Dietrich ruft den Prior zur Ordnung. Er hält ihm vor, Peter Fischer und Heiner Voss seien seine Gäste.

Man habe ja schließlich die einmalige Gelegenheit, etwas aus der Zukunft zu erfahren.

„Was aber das teuflische Wesen in unserer Zeit angeht, sollte es außerhalb unseres heiligsten Bereiches, unserer Münsterkirche gebunden werden."

Conradus de Bechusen, der Bibliothekar, der das meint, sieht Meister Gerhard auffordernd an:

„Ihr habt schon Heidnisches in die Kirche eingebaut."
Gerhard von Rile erwidert:
„Eure Vorgänger haben in dieser Beziehung auch schon einiges getan. Und die gotischen Bauabschnitte, die Ihr bei mir in Auftrag gegeben habt, auch hier wird man die Darstellungen des Lebens zwischen Gut und Böse, zwischen Göttlichem und Teuflischem akzeptieren müssen. Aber ihr habt schon Recht. Hier habe ich vor, das Böse als das fratzenhaft Dämonische an die Wasserspeier des Daches zu binden. Soweit wir das teuflische Wesen aber doch in die Kirche hineinlassen, werden wir es uns zu Diensten machen. Wenn wir das Heilige in seiner uns möglichen Vollendung darstellen, müssen wir auch entsprechend den Ausführungen Hugo von Sankt Viktors vor über hundert Jahren das Scheußliche dem Schönen und Erhabenen entgegen setzen.

Nur so gelingt uns, das Eine von dem Anderen deutlich zu trennen. Es finden wir ja auch in Eurem romanischen Kirchenbau Widderköpfe und ähnliche Bauteile.
Und wieder müssen wir den Darstellungen des Teuflischen in Eurem Neubau in untergeordneten Stellungen Dienste tun lassen. So werden wir sie den singenden Chorherren und Mönchen als Misericordien, als Lehn- oder Sitzstützen wirklich untertan sein lassen.

In der Sakristei habe ich in der Westwand Fledermäuse mit Teufelsfratzen vorgesehen, die als Dienste, als Auflager und Lastenträger für das Gewölbe fungieren; sollte das so gebundene Teuflische sich entfernen und befreien wollen, würde es vom herunterstürzenden Gewölbe erschlagen.

Allerdings, das möchte ich anmerken, solltet Ihr dann nicht gerade in dem für Euch als Kapitelsaal vorgese-

henen Raume über der Sakristei anwesend sein, es würde auch Euch nicht gut bekommen."
Meister Gerhard spricht es mit einem zynischen Lächeln im Gesicht.

Abt Dietrich wendet sich an seine beiden Gäste:
„Wie ich soeben von Bruder Giselbert von Wels, unserem Hospitalar höre, habt Ihr auch schon unser Gasthaus besucht. Was waren dort Eure Empfindungen?"
Heiner Voss antwortete:
„Für Euer Zeitalter, das erstmals die wirtschaftlichen Folgen des gesellschaftlichen Wandels seit Beginn des zwölften Jahrhunderts aufzufangen hat, habt Ihr eine hervorragende Einrichtung geschaffen, die ihre Funktion der Barmherzigkeit und Nächstenliebe, soweit wir wissen, noch etliche Jahrhunderte ausfüllen wird. Ihr merkt es daran, dass Eure Gäste zum großen Teil auch aus dem weiteren Umland kommen. Es macht den Flecken Gladebach, mit Euerem Kloster zu einem - in unserer Zeit prägte man den Begriff Oberzentrum. Freilich werden spätere Stadtherren unserer Zeit diesen Begriff nicht gerne mit dem Phänomen Armut verbunden wissen wollen, obwohl sie es nicht verhindern können."
Der Abt:
„Wie seht Ihr die Entwicklung unserer Religion in Eurer Zeit? In dem Gespräch bei mir spracht Ihr das Thema auch schon an. Unsere Religion, und von anderen spracht ihr auch, unterliege einer ständigen Veränderung?"
Peter Fischer hatte den Eindruck, dass Abt Dietrich diese Frage in einer gewissen Absicht hier im Konvent stellt. Er denkt kurz nach, ehe er antwortete:

„Die Barmherzigkeit als Ausdruck christlicher Nächstenliebe scheint mir der einzige auf diesen Jesus von Nazareth zurückzuführende Gedanke zu sein, den er heute unterschreiben würde. Er wäre wohl empört über die Konstrukte der Kirchenväter des vierten und fünften Jahrhunderts und über die die Vorstellung, dass ein sogenannter „Heiliger Stuhl" seine Stellvertreterrolle auf Erden beansprucht.

Insbesondere die vielen Kriege in seinem Namen, und die Segnung von Waffen, mit denen christliche Völker einander bekriegen, würde er für gottlos halten. Es wird noch soviel Unvorstellbareres in seinem Namen geschehen. Wir wollen dies hier keinesfalls preisgeben.

Er hat in seinen Reden auf die Kraft der Liebe gesetzt, die Berge versetzen kann. Das wird hoffentlich zunehmend die Erkenntnis sein. Der Mensch Jesus hat die Liebe auch von seinen Eltern gelernt, das lernen wir jetzt allmählich , weil die Verklärung dieses Jesus bisher im Mittelpunkt stand und natürlich völlig übertrieben wurde.

Aber es ist auch so, dass Päpste, die sich für unfehlbar halten, von den Menschen weitgehend nicht mehr ernst genommen werden, obwohl auch in unseren Zeiten die Menschen sich noch immer von bunten Bildern, Auftritten in farbigen langen Ornaten gern beeindrucken lassen."

„Das ist Häresie und der Blasphemie habt Ihr Euch auch schuldig gemacht, hütet Euch vor der Inquisition!"

Der das hineinruft, ist der Prior.

Seit er vernommen hat, dass die beiden Gäste keine Propheten sind, stehen ihnen solche Gedanken seiner Meinung nach nicht zu.

Dem Abt liegt daran, die Wogen zu glätten und den Brüdern so viel wie möglich Kenntnis aus der Zukunft zu vermitteln:

„Und andere Religionen? In Eurer Rede kürzlich hörte ich das Bedürfnis nach friedvollem Nebeneinander, so genanntem Pluralismus heraus, etwas, das in unserer Zeit unvorstellbar ist."

Peter Fischer antwortet:

„Wenn es in etwa zweihundert Jahren zu einer Kirchenteilung der christlichen Kirche kommt, wird dies mit langwierigen Kriegen verbunden sein. Erst in unserer Zeit jedoch werden ökumenische Gedanken eines friedvollen Zusammenlebens sich langsam festigen, obwohl es immer wieder störende Interventionen aus bestimmten Kreisen geben wird.

Aber selbst andere Religionen haben in einer so vielseitigen Welt ein Recht auf selbstbestimmte Glaubensüberzeugungen.

In unserer Zeit wird es zwar keine Scheiterhaufen, keine Inquisition und keine Folter mehr geben, aber es wird weiterhin die Fundamentalisten geben. Menschen also, die innerlich so verunsichert sind, dass sie das starre Gerüst eines vorgegebenen Glaubens brauchen, es anderen über stülpen wollen und deswegen auch vor Mord und Totschlag nicht zurückschrecken.

Es gibt immer noch Menschen, die in unserer Kirche Glaubensvorstellungen haben, die sich in der Form einer Kampforganisation nach autoritärem hierarchischem Muster darstellen, weil sie meinen, von einer bösen Welt umgeben zu sein. Diese, sich „Opus Dei" nennende Organisation bekämpft eine Theologie, die eine Politik der Hilfe zur Selbsthilfe für Menschen in Ländern zum Ziel hat, welche von ausbeutenden Wirt-

schaftssystemen unterdrückt werden.
Sie steht natürlich auch gegen liberale gesellschaftliche Auffassungen in Politik und Kirche und ich muss noch erwähnen, dass es in unserer Zeit nicht mehr Kaiser, Könige und Fürsten Eurer Zeit gibt und, so steht es geschrieben, die Macht vom Volke ausgehen wird."
Der Abt meinte:
„Ihr beschreibt da die Entwicklung einer humaneren Welt, die aber auch vom Antichrist ausgehen kann.
In unserer Zeit gibt es die minderen Brüder des heiligen Franz und, in aller Bescheidenheit, auch die von uns betriebene barmherzige Einrichtung des Gasthauses, die ihr so positiv empfunden habt."
Heiner Voss:
„Aber in den Zeiten von 'Aufklärungssehnsucht', die kommen werden, wird man alles mit dem Verstande begreifen wollen."
Der Bibliothekar, Bruder Conradus von Bechusen spricht Heiner Voss an:
„Wir aber wissen schon vom heiligen Augustinus, dass in Gottes unerforschlichen Rat das ewige Heil oder die ewige Verdammnis des Menschen determiniert, also vorherbestimmt ist. Was soll dann die von Euch so bezeichnete Aufklärung?"

„Auch der heilige Augustinus hat seinem Zeitalter gemäß Überlegungen angestellt, die in abgeschwächter Form, aber auch von anderen in strenger Form vertreten werden.
Die Aufklärung hingegen, das Bedürfnis des Menschen nach der Freiheit der Erforschung der Welt, ohne von vorgegebenen Denkschablonen in bestimmte Wege geleitet zu werden, setzt sich im achtzehnten Jahrhundert

durch.

Aber auch damit wurde übertrieben. Extremste Vorstellungen werden als Laplacescher Dämon bezeichnet. Sie besagen als erkenntnis- und wissenschaftstheoretische Auffassung, dass es möglich ist, in der Kenntnis sämtlicher Naturgesetze und aller Bedingungen jeden vergangenen und zukünftigen Zustand berechnen zu können.

In dem man dieser Vorstellung in der Philosophie eines Franzosen Laplace das Phänomen Dämon angehängt hat, bezeichnet man sie als eine Intelligenz von nicht wünschenswerter extremer Größe. Sie ist zudem überhaupt nicht möglich, wie Wissenschaftler in späterer Zeit festgestellt haben."

Dietrich:

„Dennoch ist es wünschenswert, wenn wir in unseren Bemühungen, Gott und die Welt zu verstehen und die positiven, schönen Dinge des Lebens sowie die diesbezüglichen Fähigkeiten des Menschen zu fördern, nicht nachlassen. Aristoteles und andere Denker kamen bereits vor langer Zeit zu Erkenntnissen, die es Wert sind, von uns wieder zur Kenntnis genommen und weiter entwickelt zu werden.

Unsere Meditationen und kontemplativen Bemühungen um Gottsuche, Erkenntnis und um Weisheit mögen sich durch Eure Anregungen weiterentwickeln. Ich danke Euch."

Der Abt will gerade die Kapitelversammlung beenden, als sich Bruder Christian zu Wort meldet und die beiden Gäste anspricht:

„Sagt, was habt Ihr da eigentlich für seltsame Gestelle mit Gläsern im Gesicht. Ich sah Euch neulich und auch heute Morgen schon damit herumlaufen. Sind es fest-

gewachsene Sehhilfen? Im Skriptorium und in der Bibliothek haben wir große geschliffene Gläser für diesen Zweck."
Peter Fischer sieht Heiner Voss an, bevor er antwortet:
„In der Tat handelt es sich um Sehhilfen, so genannte Brillen". Er nimmt seine Brille ab und hält sie hoch. „Sie liegen auf der Nase auf und seitliche Bügel werden an den Ohren festgeklemmt. Ihr bemerkt ja auch bei Euch, dass in der Regel im Laufe des Älterwerdens die Flexibilität der Augen nachlässt und man deshalb nicht mehr so gut im Nahbereich sieht. Die Unterschiede sind so groß, dass die Sehhilfen inzwischen individuell angefertigt werden, für jedes Auge extra."

Lächelnd steht der Abt auf und will nun endlich zum Schluss kommen, als sich Geradus Pasche genannt de pasculo, der Camerarius, zu Wort meldet. Das Lächeln im Gesicht Abt Dietrichs erstirbt, als er ihm das Wort erteilt.

„Ehrwürdiger Vater, ich muss bei dieser Gelegenheit erneut unsere finanzielle Situation ansprechen. Ich komme mir vor wie der Römer Cato, der bei jeder Gelegenheit anhängt, das Karthago vernichtet werden müsse. Unsere finanzielle Lage wird immer dramatischer. Schon haben wir Güter veräußert und Mühlen verpfändet. Wie Ihr sagtet, spielt Ihr mit dem Gedanken, auch wertvolle Bücher und Paramente einem Juden in Köln als Pfand zu übergeben.
Wo soll das noch hinführen?"

„Nun gut, wir werden weiter darüber verhandeln, das Abtsvermögen getrennt vom Vermögen des Konvents aufzulisten.

An zweiter Stelle hatten wir ein strenges Sparprogramm besprochen.

Drittens habe ich mich entschlossen, dem Konvent aus meinem Tafelgut das Haus Buchholz zu übertragen, damit ihr nicht Mangel an Wein leidet, nachdem die Moselgüter nun schon verloren sind.

Viertens trage ich mich mit dem Gedanken, eine Dispens der Regular Benedicti in Bezug auf die stabilitas loci, der Beständigkeit der Gemeinschaft, für eine gewisse Zeit, der Zeit betreffs unserer größten Not hier, zu erteilen.

Dieser Vorschlag beginnt mit der Frage, wer von Euch ist in der Lage, im Ort oder in naher Umgebung zum Beispiel bei Verwandten, Wohnung zu nehmen und für die eigene Ernährung zu sorgen?

Wir würden dann das Kloster entlasten.

Natürlich bleibt Euer Gelübde bezüglich der anderen benediktinischen Ordensregeln weiter bestehen. Ich werde eine solche Dispens in jedem Einzelfall im Einvernehmen mit dem Prior entscheiden.

Bedenke das jeder von euch auch einmal für sich.

Hat noch jemand eine Frage?"

Alle schweigen.

„Dann werden wir die Zusammenkunft für heute beenden."

Als Heiner Voss und Peter Fischer den Klosterhof betreten, sehen sie, wie sich um den Prior eine kleine Gruppe von Mönchen gebildet hat, die lebhaft diskutiert und dabei auch zu ihnen herüberblickt.

Die Mönche haben jetzt auf jeden Fall einen Anlass für viele Gespräche untereinander.

Auf dem Weg zurück durch den Kreuzgang in ihr Gästezimmer haben sie mit Abt Dietrich und Gerhard den gleichen Weg. Gerhard informiert Dietrich gerade,

dass er bald abreisen werde.
Der Abt nimmt es zur Kenntnis und wendet sich an seine beiden Gäste:

„Ihr habt auf Eure Weise eben Themen angesprochen und Meinungen vertreten, die in heutiger Zeit nicht ungefährlich sind, wie Ihr wohl an den Wortmeldungen gehört habt. Wenn man Euch für Propheten hält, mag es hier noch angehen, dass sie Euch fürchten. Aber seid vorsichtig. So lange Ihr hier im Kloster meine Gäste seid, steht Ihr unter meinem Schutz, dass solltet Ihr wissen."

Er verabschiedet sich von Meister Gerhard, nachdem er ihm gesagt hat, dass Bruder Matthäus Lotharius weiterhin gute Arbeit leisten werde und zum zügigen Weiterbau im Frühjahr alles vorbereite .

„Und ich sage Euch, was der jetzt hier leistet, erspart Euch enorm viel Geld und uns Zeit."

„Das höre ich gerne, aber nun muss ich zur Vesper."
Er schlägt die Richtung zur Kirche ein.
Gerhard und die beiden Gäste der Abtei setzen sich in die Küche und sie nehmen ihr Abendessen zu sich.

Dabei sprechen sie noch einmal über die Kapitelversammlung. Gerhard meint, der Abt stehe immer mehr unter Druck wegen der schlechten finanziellen Lage des Klosters.

„Aber Ihr habt Ansichten geäußert, die in dieser Zeit gefährlich sind, wie Dietrich schon sagte. Hier im Rheinland treibt sich ein Dominikaner herum, der schon einige Leute auf den Scheiterhaufen gebracht hat.
Ich habe gehört, dass der Prior mit ihm in Verbindung steht. So viel nur Eurer zu Eurer Information."

Kapitel VIII

in dem der Prior Godefridus de Wickeraide schlimme Pläne schmiedet und mit der Inquisition Verbindung aufnimmt

Godefridus de Wickeraide, der Prior der Abtei St. Vitus in Gladebach hat gerade das Kloster Neuwerk besucht und befindet sich auf dem Wege an der Niers entlang zum Hause Millendonk, wo der hofft, den Dominikanermönch Rochus Blasius von Streithoven zu treffen.

Die Herren von Millendonk heißen auch wie ihr Abt Dietrich und das nun schon in der dritten Generation. Sie sind Schutzvögte über die Güter des Klosters Neuwerk und Freunde der Erzbischöfe von Köln.

Dietrich III. war einer der treuesten Freunde und ständiger Begleiter des Erzbischofs Konrad von Hochstaden gewesen, der ihn seinen ‚Blutsverwandten' nannte.

Konrad von Hochstaden war jedoch letzten September verstorben. Der neue Erzbischof, Engelbert von Falkenburg, wurde bereits schon am 2. Oktober gewählt.

Vielleicht gelingt es ja, über diesen Dietrich III. Einfluss auf den neuen Erzbischof zu nehmen.

Die Erzbischöfe haben zur Zeit große Probleme mit den Bürgern ihrer Stadt und die Patrizier trotzen den Fürstbischöfen die Macht ab.

Außerdem hält sich in Millendonk jetzt auch Walberus auf, der als Vogt im Auftrage der Grafen von Kessel fungiert, die die Schirmherrschaft über Gladebach ausüben und die staatliche Gewalt darstellen. Jedenfalls ist sein Wanderziel, das Wasserschloss Millendonk, für ihn die Hoffung auf Kontakt zu den Mächtigen dieser Gegend. Das sich dieses kleine Millendonk hat sich bisher gegen die Jülicher und Kesseler Grafen behaupten können.

Man muss abwarten.

Godefridus ist immer noch sehr aufgebracht über die Reden der Fremden, wo immer sie auch herkommen. Seiner Meinung nach geht es auf gar keinen Fall, dass sie ihre Ansichten weiter verbreiten und, das blasphemische und häretische Äußerungen weiter in den Konvent hineingetragen werden, wie dies gestern bereits geschehen ist.

Godefridus hat erfahren, dass die Fremden für den nächsten Tag eine Wanderung in den Kammerbusch planen. Das scheint ihm eine Gelegenheit zu sein, sie außerhalb des Klosters dem weltlichen Arm zu überantworten, ohne sich großartig dabei in den Vordergrund schieben zu müssen. Alles weitere würden dann andere erledigen.

Wenn Abt Dietrich meint, sich vor die beiden stellen zu müssen, so ist das seine Sache. Er hat auch über ihn, Dietrich, seine eigene Meinung.

Vor Jahren hatte er versucht, seine Wahl zu verhindern, weil ihm Dietrich zu sehr von seinen künstlerischen Visionen durchdrungen und vor allem zu gemäßigt erschien. Das hat sich später auch herausgestellt. Einige Qualitäten, die für dieses Amt Voraussetzung sind, scheinen ihm ganz zu fehlen.

Das finanzielle Desaster des Klosters, seine liberale Klosterführung und sein mangelhaftes Politikverständ-

nis beweisen ihm, dass er Recht damit hat, ihn für dieses Amt ungeeignet zu halten. Daran kann er jedoch im Augenblick nicht viel ändern. Aber eine mögliche Verhaftung von Schützlingen seines Abtes und ein anschließendes Gerichtsspektakel gegen seine Ketzerfreunde wären ganz in seinem Interesse. Wenn Walbergus sie in die Hände bekommt, würden sie nach Millendonk gebracht und dann auch die entsprechenden Informationen schnell beim Erzbischof in Köln sein.
Die Vorstellung, was dann darüber alles zur Sprache käme, z.B. dass der Abt von St. Vitus in Gladebach solche Gottesleugner und Häretiker einmal als Gäste in sein Kloster aufnahm, gefällt ihm.

Er nähert sich jetzt dem Torhaus von Millendonk.
Dem Wachhabenden am Tor des Wasserschlosses ist er durch frühere Besuche bekannt, Er grüsst ihn und als er auf das Herrenhaus zu schreitet, sieht er schon von weitem drei Herren vor dem Eingang stehen. Er erkennt den Hausherrn Dietrich, den Vogt Walbergus und den Dominikaner Rochus Blasius von Streithoven, die intensiv miteinander im Gespräch vertieft sind. Schon von weitem sieht er den Dominikaner mit den Händen gestikulierend eine These vortragen, die sich, wie er näher kommend versteht, auf die Rolle von Frauen in der Kirche bezieht.

„...nicht erst seit dieser Hildegard von Bingen. Für solche Geister gehören Feuer geschürt, anstatt sie heilig zu sprechen. Es ist ungehörig sich über unseren Herrn Papst zu äußern mit flachen theologischen Argumenten. Und Vorstellungen, 'die Seele, die im Herrn ruhe, brauche sich nicht mehr an die Tugenden und Gebote der Kirche zu halten, sie sei völlig frei'..."

Als sie ihn kommen sehen, drehen sie sich um und begrüssen ihn gemeinsam.

„Was meint Ihr dazu?"

„Ah, immer Contra torrentem, der Dominikaner, da können wir gleich fortfahren."

„Damit wir uns richtig verstehen, hier schwimmen wir nicht gegen den Strom, sondern wir werden seine Richtung beeinflussen."

„Um so besser. Da könnt Ihr bei uns gleich weitermachen. Deshalb komme ich und hoffte Euch hier zu finden."

Er schildert ausführlich die Vorgänge der letzten Tage in der Abtei. Über die Fremden mit ihren Reden über Gott und die Welt und wie sie ihre ganz eigenen Vorstellungen vom Antichrist hätten. Er merkt an, welche häretischen Äußerungen sie über den so genannten Pluralismus nicht nur in der eigenen Religion machen würden, sondern dass sie sogar in diesen Pluralismus das ganze Heidenpack mit einbezögen.

„Es ist wirklich unerträglich, wie diese unbussfertigen Ketzer im Kapitel geredet haben und wie sie überall ihre ruchlosen Prophezeiungen für die Zukunft verkünden. Aber seit dieser schöngeistige Dietrich bei uns Abt ist, stehe ich auf verlorenem Posten. Diese apokalyptischen Propheten behaupten, aus einer ganz anderen Zeit zu kommen. Könnt Ihr Euch eine Zeit 2008 vorstellen?

Da muss wirklich der Teufel los sein. Es hört sich so an, als gäbe es in dieser Zeit nur noch Satane."

„Vielleicht ist denen der Ausbruch aus der Hölle geglückt, denn um diese Zeit muss längst das Jüngste Gericht getagt haben. Wir werden das untersuchen."

Rochus Blasius von Streithoven wiegt sich selbstgefällig

hin und her.
Godefridus:

„Dazu kann ich Euch von einer günstigen Gelegenheit berichten. Die beiden haben sich für morgen einen Gang in den Kammerbusch vorgenommen. Sie wollen, wie sie sagen, das schöne Wetter genießen."

Der Dominikaner wandte sich an die beiden anderen Herren, die bisher geschwiegen hatten:

„Da hätte ich eine Aufgabe für Euch 'unserem weltlichen Arm'. Ihr wisst, als Inquisitor stehe ich über jeder normalen Gerichtsbarkeit. Schafft mir die Beiden hier her, wir werden sehen, was wir alles aus ihnen herausbekommen. Walbergus, kann ich mich auf Euch verlassen?"

„Gut", er wandte sich an den Gutsherren Dietrich III., „ich nehme mir sechs Leute von hier mit. Wenn wir sie hier haben, möchte ich gern Eure 'entsprechende' Kammer benutzen."

„Einverstanden, jetzt muss ich mich aber verabschieden. Ich bin bereits auf dem Weg nach Köln. Ich muss mir ansehen, was los ist und ob ich nicht eine Gelegenheit finde, bei dem neuen Erzbischof den Fuß in die Türe bekommen."

Dietrich III. hat inzwischen ob seiner ständigen Reisen große Schulden und muss versuchen, seinen Ruin zu verhindern.

Auch Godefridus de Wickeraide wünscht allen einen guten Tag. Er will rechtzeitig wieder in der Abtei sein, damit sein 'Umweg' nicht bemerkt wird.

Kapitel IX

in dem die Gäste der Abtei eine Wanderung nach Hehn durch den Kammerbusch machen, sich dabei allerlei über die Geschichte erzählen und zuletzt im Engelshof durch genaue Ortskenntnis dem weltlichen Arm der Inquisition entkommen

Zwei Tage nach der Versammlung im Konvent unternehmen Peter Fischer und Heiner Voss bei schönem Wetter einen Ausflug in den Kammerbusch. Die Klosterküche versorgt sie nach dem Frühstück mit Brot und Käse. Sie gehen los.

Als sie den Weg um den großen Abteiweiher nehmen, wandern sie nach Süden und schlagen dann nach hundert Metern wieder eine mehr westliche Richtung ein.

„Wir befinden uns auf unserer Speickerstraße. Hier am Widdumshof wird einmal die Bushaltestelle sein. schade, ein Stück könnten wir den Bus benutzen."

Peter Fischer lacht.

Der Weg biegt nun in grossem Bogen bergan auf die spätere Blumenbergerstraße zu.

Peter Fischer fragt:

„Warum mag die Gegend hier den Namen Blumenberg bekommen haben? Leider blühen im Februar keine Blumen."

Am Rande eines Bongert, einer Obstbaumwiese, die zum Widdumshof gehört, steht ein Pferdeknecht mit einem Pferd, der am Zaumzeug hantiert. Sie fragen ihn, welchen Namen die Gegend hier habe.

Er erklärt Ihnen, dass dies der 'Bomer Kamp' sei und weiter oben heißt er 'Auf Boemerkamp'. Sie bedanken sich und gehen weiter bergan.
Nach fünfhundert Meter zweigt nach rechts die spätere Fringsstraße, der Weg nach Holt ab. Dahinter beginnt der Kammerbusch.
Heiner Voss erzählt, was er in einem alten Geschichtsbuch gelesen hat:

„Der Kammerbusch heißt so, weil seit je her die Äbte hier diesen Wald nicht aus der Hand gegeben haben. Er war immer für das Brennholz der Gemächer des Abtes, also seiner Kammer vorgesehen. Das Holz unserer Kammer wird auch mit diesem Holz beheizt."
Peter Fischer:

„Sagtest Du nicht, Heiner, dass in späterer Zeit um den Kammerbusch ständig gestritten wurde?"

„Ja, aber zunächst war es so, dass 1205, also jetzt hier vor fast sechzig Jahren, der Abt Gerhard den Einwohnern von Hehn, das waren vier namentlich genannte Leute und seinen Nachkommen wegen vieler dem Kloster geleisteter Dienste für sich und ihrer Nachkommen die Erlaubnis erteilte, aus dem Kammerforst Brennholz, und wie es heißt, im Notfalle Bauholz zu holen. Dieses Recht hatte sich im Laufe der Jahrhunderte immer mehr auf die umliegenden Hohnschaften Vorst, Beltinghoven und Holt ausgedehnt. Man sprach später hier nur noch von den Umbuschern.

Im Laufe der Jahrhunderte nahm die Ausbeutung des Waldes ungeheuere Ausmaße an, obwohl die von der Abtei angestellten Buschhüter und Förster alles versuchten, den Wald zu erhalten.

1595 hat der Abt, ich glaube es war Theodor Hülsen, den Kammerbusch vermessen lassen, diese Karte ist erhalten geblieben. Manche Familien bei uns besitzen sie, weil sie die älteste ist, auf der auch Engelsholt verzeichnet ist. So habe ich erfahren, dass mein Haus zu dieser Zeit schon stand. Engelsholt gehörte wohl auch zu den Umbuschern.

In den nächsten Jahrzehnten, ja man kann die meisten Jahrhunderte einbeziehen, flammte der Streit immer wieder auf und wurde mit der Zeit immer heftiger, trotz erlassener Buschordnungen.

Um 1750 wird von Förstern berichtet, konnte man bereits durch den gelichteten Wald die Häuser auf der anderen Seite sehen.

Ältere und mächtigere Baumstämme gab es überhaupt nicht, außer am Rande auf den privaten Grundstücken der Umbuscher.

Gutachter die man in Rheydt zu finden hoffte, wurden so unter Druck gesetzt, dass sie sich weigerten, für das Gericht zu arbeiten.

Auch bekämpften die Umbuscher immer heftiger die Buschhüter. Als dann sogar Regierungsbeamte, die Ordnung schaffen wollten, mit Flinten angegriffen und Buschhüter verletzt wurden, war es dem Abt zu viel.

Der Abt Ambrosius Specht schlug dem Gericht den Vergleich vor, den Umbuschern ein Drittel für ihre angestammten Rechte und ihm zwei Drittel zuzusprechen. So kam es denn auch. Die kurfürstliche Regierung erklärte sich einverstanden.

Aber nun bestanden die Umbuscher weiterhin auf ihre alten Rechte bezüglich des gesamten Kammerbusch, obwohl in dem Wald überhaupt nichts mehr zu holen war. Jedenfalls hat der Abt seinen Teil in Ackerland umgewandelt und verpachtet.

Darüber stieg die Verbitterung der Umbuscher dermaßen, dass sie selbst den Himmel um Hilfe gegen den Abt anriefen. Sie zogen in einer Prozession zur Abtei und wollten den Abt im 'ewigen Gebet' totbeten.

Der aber saß bei einem Glas Wein in seiner warmen Abtstube und glaubte, das Beste auch für die Umbuscher getan zu haben."

Auf ihrer Wanderung sind die beiden bereits ein beträchtliches Stück vorwärts gekommen und. Sie befinden sich auf der späteren Immelmannstraße.

Holt besteht, wie sie sehen, zur Zeit aus etwa zehn Häusern und Gehöften.

Dahinter liegt ein Wald, der noch voll im Holz steht.

Sie folgen einem breiten Weg durch den Kammerbusch. Die Sonne scheint warm und taut den frostigen Boden bereits auf. Unterwegs legen sie eine Rast ein. Sie beobachten sie einen Hirsch, der in einiger Entfernung an dünnen Zweigen äst.

Als sie weitergehen, überquert eine Rotte Wildschweine ihren Weg.

„Etwa hier hat man Jahrhunderte später den riesigen Parkplatz für das Borussenstadion angelegt."

Peter Fischer zeigt nach Südosten: „Dort drüben beginnt die Heide, da wird einmal das Borussenstadion stehen."

Als der Wald lichter wird, begegnet ihnen ein Förster. Sie kommen ins Gespräch und loben den Wald des Abtes. Der Förster freut sich, wundert sich aber doch über die beiden seltsamen Fremden.

„Etwa sieben Häuser und Gehöfte gibt es inzwischen in Hehn. Vor fünfzig Jahren", erzählt er ihnen, „gab es nur die ‚Villa Hehn', deren Bewohner, das waren vier, die

Begünstigung des Abtes erfahren hätten, wegen ihrer Verdienste um die Abtei für alle Zeiten für sich und ihre Nachkommen den Kammerbusch nutzen zu dürfen."
Dann geht er seines Weges.

Und sie treffen vor einem Hof einen Bekannten wieder. Es ist der Fuhrmann Frickus, genannt de Schürger, der die Holzkohle so zuverlässig zum Münster bringt. Sie sagen ihm, dass sein Einsatz von Erfolg gekrönt und das Gewölbe der Krypta vom Frost verschont geblieben sei.

Er zeigt Ihnen stolz seinen Hof, seine beiden Fuhrwerke, einen schweren vierräderigen Ochsenkarren für schwerste Lasten und seinen schnellen leichten Wagen für eilige Aufträge. Er erklärt ihnen, dass normalerweise die Bauern für die Grundherren die Fuhrdienste zu erledigen hätten, aber diese Tätigkeit täten sie nur gezwungener Maßen und darum unzuverlässig und nur nach langwieriger Absprache. Das sei ja auch verständlich, weil sie das alles für Gotteslohn tun müssten. Er hingegen sei mit seinem Sohn sehr schnell einsatzbereit.

Er erwähnt, dass er ein Nachkomme, eines der vier ursprünglich von Abt Gerhard bezüglich des Kammerbusch begünstigten Hehner Bürger sei.

Als sie sich verabschieden, lassen sie sich den Weg zum Engelshof erklären. Frickus meint, der beste Weg sei immer an der Landwehr entlang bis zum Dahlener Steg.

"Am besten über die Heide."

Sie bedanken sich und brechen auf.

„Die einzige Orientierung, die wir hier haben, ist die Landwehr", stellte Peter Fischer nach fünfhundert Metern fest, „genau hier, 10 Meter neben der Landwehr

wird später einmal das Stadion stehen."
Nach einiger Zeit fragt Heiner:
„Sag mal, was wissen wir über die weitere Situation des Klosters und über Abt Dietrich?"

„In etwa 10 bis 15 Jahren haben sie es wieder im Griff mit dem Geld, aber sie schlagen sich noch lange mit unvorhergesehenen Ausgaben herum. Genau so schlimm sind die politischen Wirren, die im letzten Viertel des 13. Jahrhunderts immer mehr zunehmen werden. So wenig Abt Dietrich ein Finanzgenie ist, so wenig ist er auch ein geschickter Politiker. Nach der Schlacht von Worringen, die der Erzbischof von Köln gegen Brabant verlieren wird, gerät Gladebach zunehmend in die Interessensphäre der Grafen von Jülich, der Erben der Grafen von Kessel.

Ein machtpolitisch starker Abt hier wäre den Kölner Erzbischöfen recht gewesen. Diese Rolle kann Dietrich jedoch nicht erfüllen.

Nach Konrad von Hochstaden werden die zwei nächsten Erzbischöfe in diese wilden Kämpfe verwickelt sein. Der dritte, Wigbold von Holte, der 1297 an die Macht kommt, setzt als erstes den Abt Dietrich ab. Dietrich stirbt etwa ein Jahr später.

Der Erbischhof setzt einen anderen, nämlich Otto von Matlar, ein Mönch aus dem Kloster Werden ein, der den Grafen von Jülich besser Paroli bieten soll. Dieser wagt sich aber erst gar nicht nach Gladebach und hält sich auf kölnischem Gebiet, nämlich in Kempen auf.

Der Konvent wählt als neuen Abt Wilhelm von Helpenstein, der, als der Erzbischof mit Gewaltmaßnahmen droht, sich mit einigen Mitgliedern des Konvents nach Rom begibt, um die Hilfe des Papstes zu erbitten. Eine Kommission von Kardinälen prüft den Fall und bestimmt, dass der Erzbischof nach Rom kommen soll, um sich zu verantworten.

Dieser kommt aber nicht.

Darauf wird Wilhelm von Helpenstein vom Papst zum Abt ernannt und kann sich 'von Gottes und des päpstlichen Stuhles Gnaden' Abt nennen. Eine merkwürdige Bezeichnung. Der ganze Streit wird etwa sechs Jahre dauern."

Als Peter mit seinen Ausführungen zu Ende ist, meint Heiner Voss:

„Wir sind ja in einer merkwürdigen Rolle, solche Informationen über Menschen zu haben, die wir nun teilweise persönlich kennen, findest Du nicht auch?"

Sie gehen noch geraume Zeit und erreichen den Dahlener Steg, den Durchgang durch die Landwehr und befinden sich wieder auf Gladebacher Gebiet. Den Waldrand des Kammerbusch sehen sie jetzt linker Hand in ein paar hundert Metern Entfernung. Dazwischen liegt die Holter Heide.

Links voraus, im Norden, in der Ferne zum Wald hin sind die Häuser von Holt zu sehen. Auf dem Weg davor, den sie am Vormittag gegangen waren, sehen sie einige Reiter im schnellen Trab im Wald verschwinden.

Durch die Büsche schlängelt sich ein schmaler Pfad, den sie jetzt benutzen, das spätere Engelsholt.

Ganz vereinzelnd tauchen kleine Häuser auf. Für Heiner Voss wird es immer spannender.

Er sieht, sein Haus existiert noch nicht.

„Mein Haus habe ich erst auf einer Karte der ersten Landvermessung, im Zusammenhang mit dem Streit zwischen Abt Theodor Hülsen und den Umbuschern, 1595, also in etwa 300 Jahren, eingetragen gesehen.

Peter Fischer meint:

„Stell Dir vor, Dein Haus ist möglicherweise auch aus gestohlenem Holz gebaut worden.“

„Das könnte gut sein. Andererseits liegen hier tausend Meter Heide zum Kammerbusch dazwischen. Ob Engelsholt wirklich zu den Umbuschern gehört hat, ist fraglich. Ausserdem gehört der Engelshof ja der Abtei wie alle Grundstücke hier. Der spätere Lehenshoff ebenso.

Er ist ausgewiesen in der Vermessung von 1595 und liegt etwa fünfzig Meter südlich vom Engelshof, also etwa zwischen Ihm und unserem Haus.

Ich hatte schon einmal vor, eine dendrochronologische Untersuchung des Holzes vom Ständerbau des Hauses machen zu lassen, aber das ist mir zu kostspielig. Man sieht dabei an der Art des Wachstums der Jahresringe eines Baumes, in welchem Jahrhundert und Jahr er gewachsen ist. Man hat Vergleiche aus langen Zeiten und Gegenden. Je nach warmen oder kühleren Sommern ist das Holz schneller oder langsamer gewachsen, also sind die Jahresringe weiter oder enger.“

Langsam gehen sie weiter auf das Gehöft Engelshof zu. Das dichte Buschwerk ist jetzt links von ihnen. Dahinter trifft der Weg wieder auf den Weg nach Dahlen. Hier sehen sie einen Grenzstein der Abtei, denn auf ihm ist einen Abtsstab eingemeisselt.

„Der Grenzstein spielt eine Rolle in dem alten Roman 'Das Findelkind von Gladbach', als der sogenannte 'Plaate-Pohl' (Prälaten-Pfahl). Als der Roman 1935 geschrieben wurde, soll er im Biergarten der Gaststätte Mankertz gestanden haben. Ich habe ihn dort vor etwa 10 Jahren nicht mehr gefunden.“

Gegenüber dem Weg nach Dahlen liegt ein kleiner

Teich.
Vorgelagert vor dem größeren Gutshof stehen zwei kleinere Häuschen, tiefer gelegen und schon fast an der späteren Eisenacher Straße. Sie gehören auch zum Engelshof und sind wohl Unterkünfte für das Gesinde. Heiner Voss erzählt weiter:

„Der Engelshof ist dem Hospitalar zugeordnet, gehört zur Gasthauspfründe und versorgt das Gasthaus mit den nötigen Nahrungsmitteln. 1335 lebt ein Mönch Gottfried Vlecke, ritterlicher Herkunft, übrigens ein späterer Verwandter des Bruder Andreas de Fleck, der sich einmal Nesselrode nennen wird. Er wird die Bewirtschaftung des Engelshof zu seinem Hobby machen. Diese Art Betätigung wurde zwar einige Jahre vorher in Köln für Mitglieder eines geistlichen Ordens verboten. Hier hat man sich aber nicht daran gehalten."

„Wollen wir doch mal sehen, wen wir jetzt hier antreffen."

Peter Fischer und Heiner Voss haben gerade den Hof betreten, als sie von Holt aus sechs Reiter im Galopp auf den Engelshof zukommen sehen.

Instinktiv bleiben sie hinter den beiden kleinen Häuschen stehen. Während vier Reiter am Tor ihre Pferde verhalten und sich an der Wegkreuzung umsehen, reiten die beiden anderen auf den Hof vor das Haupthaus und steigen von den Pferden. Ein Mann mittleren Alters, wohl der Pächter, kommt aus dem Haus und wird von einem der Reiter in barschem Ton angesprochen:

„Ihr wisst, wer ich bin, Henricus?"

„Jawohl, Ihr seit Walbergus und vertretet in vollem Umfang die Gerichtsbarkeit des Vogtes und Schirmherren Graf Wilhelm von Kessel, was kann ich für Euch tun?"

„Ich ersuche Euch um die Auskunft über zwei Fremde. Habt Ihr heute zwei Fremde gesehen? Sie sind in dunklen Mänteln gekleidet. Die beiden werden der Häresie und der Blasphemie beschuldigt. Ich muss sie in Gewahrsam nehmen."

„Ich meinte, kurz vor Eurer Ankunft zwei dunkle Gestalten am Tor gesehen zu haben, die den Hof betraten. Sie müssen irgendwo hier sein."

Walbergus pfeift und die anderen Reiter kommen in den Hof.

Als sie das hören, läuft es Peter Fischer und Heiner Voss eiskalt den Rücken herunter. Heiner Voss sagt nur:

„Komm mit."

Sie betreten den Eingang des ersten kleinen Häuschens, hinter dem sie sich versteckt haben. Heiner Voss hofft zur Arbeitszeit hier Niemanden anzutreffen. Durch ein niedriges Fenster sehen sie, wie die Reiter absteigen und damit beginnen, den ganzen Hof abzusuchen.

Heiner Voss geht voraus in eine kleine Küche auf der anderen Seite des Hauses.

„Hier muss eine Bodenklappe zu einem unterirdischen Gang sein. Wenn wir Glück haben, existiert er schon."

Er beginnt, den Fußboden abzusuchen. Unter einer alten groben Leinenmatte findet er die Klappe im Fußboden und zieht sie hoch.

„Pass auf, dass die Matte nicht verrutscht, wenn wir da runter gehen, dann werden sie uns nicht finden."

Heiner Voss steigt eine Leiter nach unten und Peter Fischer folgt ihm. Die Matte hält er beim Heruntersteigen mit Klappe fest und lässt beides zusammen über sich herunter. „Jetzt fehlt uns unsere Lampe."

Fluchtgang im Bereich des ehemaligen Engelshofes an der heutigen Eisenacher Straße.

„Wieso kennst Du dieses Versteck, der Engelshof existiert doch in unserer Zeit seit langem nicht mehr."
„Such mal Dein Feuerzeug, womit Du kürzlich so angegeben hast."
Peter Fischer reicht ihm das Feuerzeug. Der kleine Lichtschein beleuchtet schwach einen würfelartigen Raum in etwa drei Meter Tiefe, der auch nur drei Meter zu beiden Seiten misst. Links neben der Leiter befindet sich eine Öffnung, etwa 80 cm hoch. Hier beginnt

ein Gang.

„Donnerwetter."

„Also, etwa im Oktober 2002, veranstalteten wir in Engelsholt in unserem Atelier ein Fest. Dabei hat mich eine Nachbarin angesprochen, die als Kind in diesem Hause gewohnt hat. Ihre Mutter war vor einiger Zeit gestorben. Sie wolle das Haus verkaufen. Es sei aber in sehr schlechtem Zustand und wohl auch schon sehr alt. Weil sie wusste, dass unser Haus auch schon sehr alt ist, sagte sie mir, dass unter dem Haus ein unterirdischer Gang existiere, den sie als Kinder gefunden hatten. Sie meinte sich zu erinnern, dass er noch zehn bis zwanzig Meter begehbar gewesen sei. Man erzählte sich hier ja in Engelsholt, dass ein unterirdischer Gang zum Münster existiert habe.

Ob ich mir das nicht einmal ansehen wolle, bevor sie das Haus verkaufe.

Das weckte meine Forscherneugier. Ich fand diesen Einstieg und unten in der Wand jedoch eine Abmauerung genau an dieser Stelle, die hier offen ist.

Nur geht diese nicht in Richtung Nordosten, dahin, wo das Münster liegt, sondern nach Nordwesten. Einen zweieinhalb Kilometer langen Gang dorthin, zudem noch unter dem Abteiweiher hindurch, so ein langer Weg war für mich nicht vorstellbar.

Meine Vermutung ist, dass es sich um einen Fluchtgang aus dem Engelshof handelt. Und da sind wir jetzt. Wenn ich richtig vermutet habe, sind wir gerettet und entkommen dem Vogt."

Oben im Haus hören sie Schritte und dann das Zuschlagen einer Türe.

Ganz vorsichtig leuchten sie in das dunkle Loch und kriechen hinein.

Es ist ein feuchtes Steingewölbe, das in gerader Richtung verläuft. Sie stellen sich vor, dass sie nun unter dem Weg in Richtung der Büsche auf der anderen Seite unterwegs sind, etwa dorthin, wo sie den Grenzstein gesehen hatten.

So ist es denn auch. Erst kurz vor dem Ausgang sehen sie Tageslicht. Im dichtesten Busch kommen sie wieder nach oben, seitlich von einem kleinen Hügel. Ganz vorsichtig schauen sie sich um. Bis zum Weg ist es etwa fünfzig Meter. Sie verlassen das Gebüsch nicht. Drüben auf dem Engelshof suchen die Männer weiter den Hof ab.

Heiner Voss schlägt vor:

„Am besten bleiben wir hier und können uns notfalls wieder im Gang verstecken. Hier können wir beobachten, in welche Richtung sie sich entfernen werden. Dann können wir sehen, welchen Weg wir zurück nehmen. Das schwierigste wird sein, wieder in die Abtei zu kommen.

Ich glaube, auf den Abt können wir uns verlassen," meint Peter Fischer und setzt sich in den Gang, um ihn unter Kontrolle zu behalten. Es könnte ja sein, dass der Pächter die Reiter auf den Gang aufmerksam macht. Aber so dumm wird er nicht sein, einem Vogt dieses Geheimnis zu verraten.

Nach einer viertel Stunde sieht Heiner Voss die Reiter aus dem Hof kommen und in Richtung Abtei davon reiten.Dann gehen sie gemächlich auf den Engelshof zu.

Henricus ist erstaunt, die beiden Fremden so plötzlich zu sehen.

Sie sagen ihm, dass sie Gäste des Abtes Dietrich seien und durch den unterirdischen Gang entkommen sind. Hierauf legen sie eine falsche Fährte und geben an,

sie würden jetzt in Richtung Ohler gehen.
Heiner Voss meint:
„Sollte der Vogt zurückkommen, ich glaube Henricus wird uns nicht verraten. Wir gehen zunächst hinter den Reitern her und sehen zu, dass wir jederzeit ein schnelles Versteck finden."
Als es zu dämmern beginnt, erreichen sie die kleine Höhe vor dem Gladbach, die sie heute morgen als Boemerkamp kennen gelernt haben. Hier halten sie sich rechts in Richtung Speick. Die Brücke an der oberen Mühle wollen sie nicht benutzen.
Peter Fischer sagt:
„Vielleicht können wir den Gladbach an der unteren Mühle besser überqueren und gehen durch die Abteigärten hoch. Der vordere Eingang ist wahrscheinlich bewacht. Vielleicht finden wir den Eingang zu den Gärten."
Es wird dunkel, als sie den Gladbach unterhalb vom Vliesch überschreiten und nun über einen kurzen Weg in den großen Abteigarten kommen, der zu der Zeit glücklicherweise noch keine hohe Mauer hat.
Von hier gelangen sie in den kleinen Abteigarten dicht unter der Klostermauer und finden einen Durchgang zum Kloster.
Sie sind in Sicherheit.

Kapitel X

in dem Peter Fischer und Heiner Voss die Bibliothek besuchen, um den großen Bücherbesitz der Abtei zu anzusehen und vom Novizen Frater Ludovicus de Kempenich zu allerlei befragt werden und der daraufhin vom Abt Dietrich vom Kopisten zum Forscher befördert und für seine wissenschaftlichen Arbeiten freigestellt wird

Heute nehmen sie sich vor, die Bibliothek aufzusuchen.
Am gestrigen Abend haben sie noch lange darüber gesprochen, was sie erlebt hatten und wie sie damit weiter umgehen sollten bis zu ihrer möglichen Rückkehr.

Bruder Conradus de Bechthusen, der Bibliothekar, sieht sie schon über den Klosterhof kommen.

„Ihr wollt sicher zu mir, der ehrwürdige Vater hat Euch schon vor Tagen angekündigt."

„So ist es. Wir würden gerne Eure Kostbarkeiten einmal anschauen und bewundern. Wir hoffen, dass es Euch keine großen Umstände macht und Ihr auch nicht so große Bauchschmerzen dabei bekommt, wie es uns von einem Bibliothekar aus einer Benediktinerabtei im nördlichen Apennin in Italien berichtet wurde."

„Mit dem Ausleihen von Büchern an fürstliche Gäste ist man im allgemeinen in unseren Klöstern seit den Zeiten Ottos II zurückhaltend geworden.
Dieser hatte sich bei seinen Aufenthalten, insbesondere in St. Gallen, aber auch anderswo, in seinem Wissensdrang und seiner Freimut, und ihr könnt Euch denken,

seinem kaiserlichen Gebaren, die seltensten und wertvollsten Bände ausgeliehen. Nur mit dem Lesen ging es nicht so schnell und wenn er weiter reiste, hatte er die ausgeliehenen Bücher im Gepäck. Einem Herrscher konnte man schlecht nachstellen.

Seiner Mutter gegenüber, die uns hier sehr am Herzen liegt, weil unser Gründervater Sandrad zeitweise ihr Beichtvater gewesen war, hat er sich dann speziell nicht gut benommen. Schließlich haben auch wir hier von ihm in schwerer Zeit nicht den Beistand und die Zuwendung bekommen, um die Anfeindungen des Nachfolgers von Erzbischof Gero, eines gewissen Warin, zu verhindern.

Jedenfalls haben wir Otto II. nicht in unser Nekrologium, dem Totenbuch der Abtei, aufgenommen, während wir für seinen Vater, Otto I. und auch seine Mutter, der Kaiserin Adelheid durchaus beten.

Aber sagt mir, wer ist dieser Bibliothekar in Italien von dem Ihr Informationen bekommen habt?

Hält er sich im Kloster Bobbio auf? "

„Das mag sein! Es ist Jorge von Burgos, ein Spanier, der ein sehr strenges Gottesbild hat und seine Brüder im Herrn nicht an Bücher des Aristoteles „Über das Lachen" heran lässt, weil er glaubt, sie verlören dadurch ihr Seelenheil.

Bei aller Kontemplation und verinnerlichter Gottessehnsucht stellt sich die Frage, welchen Zugang zu wissenschaftlicher Literatur haben denn Eure Brüder?"

Peter Fischer denkt darüber nach, was hier und in welchem Zusammenhang diese Geschichte, aus dem Professorenroman die Heiner Voss über den Kriminalfall zum Besten gibt, soll. Er muss zugeben, dass er zeitlich vom möglichen Alter des Jorge von Burgos genau

hierher passen könnte.
Conradus:
„Es gibt hier einige sehr gebildete Brüder. Einer der Kopisten dort drüben, z.B. Frater Ludovicus de Kempenich, ist so langsam im Kopieren, dass wir ihn dort wegnehmen müssen, weil er sich mit dem Inhalt beschäftigt. Natürlich kann hier jeder lesen, was er möchte."

Sie sind inzwischen im Skriptorium angekommen und sehen vier jüngere Mönche als Kopisten an Schreibpulten stehen und auf Pergamentblättern arbeiten. Sie haben auf Holzgestellen Bücher stehen, die sie abschreiben. Zwei tragen goldene Großbuchstaben und Initialen auf die Pergamente auf. Im Nebenraum ist ein Atelier eingerichtet. Hier sind drei Miniaturmaler mit Farben am Werk. Ihre Bilder zeigen teilweise biblische Szenen, die ganzseitig oder kleiner, für Bücher vorgesehen sind. Die beiden grüßen die dort arbeitenden Mönche. Bruder Ludovicus kommt hinter ihnen her und interessiert sich auch für die Führung und das Gespräch.

In der Bibliothek führt Bruder Conradus sie durch mehrere Räume. Er erklärt ihnen, sie können nun auf etwa 250 Jahre Klostergelehrsamkeit zurückblicken und hätten auch schon einen beachtlichen Bestand an Büchern.

„Vieles haben wir von St. Pantaleon, den Freunden in Köln und anderswo, ausgeliehen und abgeschrieben, aber es sind auch viele wertvolle Neuerwerbungen dabei. Seit langem haben wir jedoch nicht mehr viel hinzukaufen können, wegen der finanziellen Schwierigkeiten. Es kommt derzeit nur so viel hinzu, wie wir im Skriptorium schaffen."

Nun stehen sie vor einem Bücherschrank in dem eine Gruppe von vier Frühscholastikern die Pariser Schule zusammen stehen und er greift ein Buch heraus mit dem Titel *'Historia Scholastika'* von einem französischen Theologen namens Petrus Comestor.

„Ich zeige Euch, für was man sich hier in Gladebach zur Zeit besonders interessiert: Die *'Historia Scholastika'*, von etwa 1160, ist eine Art biblisches Lehrbuch, eine Erzählung der Weltgeschichte von der Schöpfung bis zu den Ereignissen der Apostelgeschichte.

Der Zuname Comestor des Petrus bedeutet der 'Verzehrer' Er weist auf seine Leidenschaft für das Bücherlesen hin. Hier stehen die Bände des Lehrers von Petrus Comestor, Petrus Lombardus, der 1160 starb. Er war ein Schüler von Hugo v. St. Viktor. Seine vier Bücher *'Sententiae'* beschreiben Sentenzen der Kirchenväter in systematischer Darstellung der gesamten Theologie. Sie werden derzeit ständig benutzt. Auf die bezieht sich auch Albertus Magnus in Köln. Der schon erwähnte Hugo von St. Viktor ist der geistige Gründervater. Mit seinem Namen verbinden sich Denktraditionen, der in der Philosophie und Theologie eine eher aristotelische Ausrichtung zukommt. Sie wird auch von unserem Abt Dietrich vertreten."

Er zeigt ihnen *'Didascalicon de studio legendi'*, eine Anleitung des Lesens und Auslegens und *'De arca Noe morali'* und *'De arca mystica'* (etwa 'Über den moralischen Sinn der Arche Noah' und 'Über den mystischen Sinn der Arche Noah') und *'De vanitate mundi'* (Über die Nichtigkeit der Welt) sowie *'De amore sponsi ad sponsam'* (Über die Liebe des Bräutigams zur Braut) von Hugo von St. Viktor.

Ein Buch vom Rechten Gebrauch der Bilder im liturgischen Raum, *'Rationale divinorum officiorum' das Hauptwerk* des Guildmus Durandus, erläutert Funktion, Herkunft und Bedeutung des Kirchengebäudes, der liturgischen Gewänder und der kirchlichen Zeremonien und Feste.

„Diese Bücher sind schon teilweise über 100 Jahre alt aber hier im Rheinland stoßen sie nun auf erneutes Interesse."

„Das ist für uns besonders interessant. Wir wissen um Eure wertvolle Bibliothek. Viele andere wertvolle Werke sind jedoch in alle Winde zerstreut worden. 1802 sind die Franzosen über die Bibliothek hergefallen, als das Kloster aufgelöst wurde. Sagt, habt Ihr noch ältere Kostbarkeiten?"

„Hier ein ganz bedeutendes Werk eines herausragenden karolingischen Gelehrten, des Abtes und Mainzer Erzbischofs Rabanus Maurus. Er lebte von 780 - 856. Es ist sein Frühwerk *'De institutione clericorum',* (Von der Ausbildung der Geistlichen, Lehrbuch für angehende Geistliche).

Das pastoralliturgische Handbuch fußt auf der christlichen Lehre des Augustinus. Dies hier, die *'Dionysio-Hadriana'*, ist eine chronologische Sammlung kanonischen Rechts. Sie wurde im Auftrag Papst Hadrian I. geschrieben und 774 an Karl den Großen in Rom übergeben. Hadrian erhoffte sich dadurch eine weitere Verbreitung im Frankenreich."

Conradus tritt noch an einen anderen Schrank:

„Hier haben wir die *'Visio Wettini'* von 824, verfasst von Walahfrid Strabo (lat. Der Schielende). Er war Benediktiner, Dichter, Botaniker und Diplomat. Er wirkte als Prinzenerzieher am karolingischen Hof. Sein

Werk beschreibt die Sterbevision seines Lehrers Wetti, die dichterische Umsetzung einer Jenseitsvorstellung."

Als Conradus das Buch aufschlägt, erkennen wir, dass es in lateinischen Hexametern geschrieben ist.

Dann nimmt er noch einen Band heraus mit dem Titel '*Diadema monachorum*' von Smaragd von Saint-Mihiel, ein Abt aus der Zeit Karls, der großen Einfluss auch auf Ludwig den Frommen als ethisch ermahnender Schriftsteller hatte.

„In diesem Buch finden sich etliche Passagen eines vorher von ihm geschriebenen „Fürstenspiegels". Hierin geht es um die Tugenden und Pflichten eines christlichen Fürsten, den wir auch als abendliche Lektüre für Mönche verwenden, denn die genannten Tugenden sind auch für uns von Bedeutung."

Er führt uns weiter, zu einem Schrank, in dem wir '*Gesta Hludowicimerialis*' von Tegan finden, (Die Taten Kaiser Ludwigs und seiner Kaiserin) und '*Vita Karoli Magni*', Einhards Lebensbeschreibung Karls des Großen.

Durch eine Türe gelangten wir in einem Raum, in dem wir '*Gesta Frankorum et aliorum hierosolimitanorum*' entdecken. Es behandelt 'Die Taten der Franken und anderer, die nach Jerusalem gingen'. Es ist ein Bericht über den ersten Kreuzzug, geschrieben von einem anonym gebliebenen Augenzeugen. Es ist eine Art Epos.

Daneben liegt eine Abschrift des Albert von Aachen über den '*1.Volkskreuzzug der Armen*'.

„Hier wird beschrieben, wie im Jahre 1096, in rund sechs Monaten, durch Papst Urban II zum Kreuzzug aufgerufen wurde. Es machten sich damals bis zu hunderttausend Menschen aus niederem Adel, Kleinbauern und Kinder nach Jerusalem auf. Eine so hohe Beteiligung war nicht erwartet worden. Es war in dieser Zeit der Glaube an das Ende der Welt und die Wiederauferstehung weit verbreitet. Durch eine Reihe meteorologischer Ereignisse, z.B. die Beobachtung von Polarlichtern, Meteorschauern, Mondfinsternissen und eines Kometen. Um das Jahr 1095 soll es begonnen haben. Der geistliche Führer war ein charismatischer Mönch namens Peter der Einsiedler aus Amiens, der auf einem Esel ritt und für sich beanspruchte, von Jesus Christus selbst dazu beauftragt worden zu sein."

Dann zeigte er noch eine '*Biblia Hebraica'*, eine hebräische Bibel des Natan ben Rabbi Mosche, also.

„Wir hatten einmal ein Mitglied in unserem Konvent, das hebräisch sprach und uns auch aus jüdisch - liturgischer Dichtung vorgetragen hat."

„Das hätte ich nicht erwartet aufgrund der Reaktion Eures Bruder Prior neulich im Kapitelsaal", bemerkt Heiner Voss erstaunt. „Es ist alles in allem eine gute Auswahl."

„Godefridus de Wickeraide gehört zu den wenigen anderen, die ein sehr strenges Verständnis von unserer Religion haben."

Peter Fischer fragt Conradus:

„Kann er unsere Verfolgung durch den Vogt veranlasst haben? Wir haben gehört, wie der Vogt Walbergus im Engelshof dem Pächter gegenüber die gleichen Worte benutzte, wie der Prior kürzlich im Konvent: Blasphemie und Häresie."

„Gut möglich, aber sagt, wie seid Ihr entkommen, nachdem Ihr diese Äußerungen des Vogtes mitbekommen hattet?"

„Nun, wir kennen den unterirdischen Fluchtgang aus dem Engelshof, von dem wir Reste noch im unserer

Zeit gefunden haben", gibt Heiner Voss an.
„Ach, davon hattet Ihr Kenntnis?"
Conradus blickt sie erstaunt an.

„Eure Freunde in Köln sind die Benediktiner der Abtei St. Pantaleon. Dort ist die Kaiserin Theophanu bestattet.
Obwohl nicht mehr Benediktinerabtei, ist diese Klosterkirche auch in unserer Zeit noch immer als eine der ältesten christlichen Kirchen bekannt. An erster Stelle steht natürlich die Pfalzkapelle in Aachen.
Die Pfarrkirche St. Pantaleon ist in unserer Zeit seit zwanzig Jahren eine Hochburg des „Opus Dei", einer Kampforganisation für einen Katholizismus der Vergangenheit: autoritär – militant denkbar einer Kampfeinheit gegen eine böse Welt von Feinden. Wahrscheinlich würde Euer Prior auch dazu gehören."
„Eure Rede hört sich so an, als hätte sich die Kirche in Eurer Zeit verändert. Kämpft diese Organisation Opus Dei wie Ihr sagt, für eine Kirche wie wir sie heute haben?
Heiner Voss:
„Das kann man so sagen. Gemeint ist eine Kirche, die keiner Entwicklung unterliegt, eher noch, mit Verlaub, wie Ihr schon sagtet und wie wir damit in unserer Zeit sagen würden, rückständig ist.
Jesus von Nazareth, würde man sagen, war aber ein Revolutionär in seiner Zeit.
Es hat ja bereits 981 vor Kaiser Otto II eine gelehrte Auseinandersetzung nach dem Vorbild der Topik des Aristoteles ein Streitgespräch, stattgefunden, von der wir wissen...."
Der Bibliothekar ergänzt:

„Ihr meint die Disputation zwischen dem sächsischen Domscholastiker Ohtrich und Gerberts von Aurullac, dem späteren Papst Silvester II. in Ravenna... Ja, es gab und gibt noch andere bedeutende Streitgespräche.

Schon Karl der Große hatte unter anderen Alkuin, den berühmten Wissenschaftler und Kloster-Gelehrten an seinem Hof. Dieser machte sich Gedanken über den Aufbau eines Schulwesens. Er war Lehrer der Kinder Karls.

Eine dunkle Zeit, über die wir nicht so viel wissen, hat wohl davor existiert. Wir können sagen, dass die Klostergelehrsamkeit lange Zeit im Wesentlichen als einzige die theologische Kultur und Wissenschaft vertreten hat.

Dieser Gerbert in der Zeit der Ottonen, gefördert bereits durch den alten Otto in jungen Jahren, auch durch Otto II und dann als Lehrer des Otto III, hat sich intensiv mit den Fächern des Triviums (Grammatik, Dialektik und Rhetorik) und die des Quadriviums (Arithmetik, Geometrie, Astronomie, Musik) beschäftigt.

Wie er jedoch zum Überbringer arabischer Wissenschaften nach seinen nur etwa zweieinhalbjährigen Aufenthalt in Spanien werden konnte, darüber erzählt man sich die unglaublichsten Geschichten, ohne dass sie sich belegen lassen. Jedenfalls war er in der Lage, seine Schüler im Gebrauch von Astrolabien in der Astronomie zu unterweisen sowie die Handhabung weiterer Apparate wie auch z.B. den Abakus. Er legte dabei immer großen Wert auf den praktischen Bezug.

Erst im Jahre 999, etwa 4 Jahre vor seinem Tod, wurde er Papst. Davor war er übrigens Abt von Bobio und auch Erzbischof von Reims."

Peter Fischer stellt fest:

„Das Astrolabium ist also erst kurz vor der ersten Jahrtausendwende in die westliche Kultur gekommen. Habt Ihr Kenntnis darüber, wie Eure erste Kirche vor etwa 275 Jahren geostet worden ist?
Der Kirchenbau konnte also noch nicht mit den von Euch eben angebenen, von Gerbert aus Arabien eingeführten astronomischen Geräten vermessen worden sein."
„Darüber haben wir uns bisher keine Gedanken gemacht", gibt Bruder Conradus lächelnd zu, „das Astrolabium werden unsere Gründerväter hier in dieser Provinz ja wohl auch später noch nicht verwendet haben."
„Aber wir können Euch einen anderen Hinweis geben. Etwa um das Ende der 1940er Jahre, nach einem großen Krieg, als diese Kirche zum Teil zerstört war, haben archäologische Grabungen stattgefunden.
(So bezeichnen wir in unserer Zeit eine Wissenschaft, die sich zur Aufgabe gemacht hat, aus Bodenfunden, deren Lage, Tiefe, deren Auswertung usw. Schlüsse auf die geschichtliche Vergangenheit zu ziehen.)
Jedenfalls hat man im hinteren Teil des Langhauses, etwa an der letzten nördlichen Säule, einen halben Meter tief, eine runde Mörtelscheibe von etwa drei Metern Durchmesser gefunden, die genau in der Mitte ein Loch hat, welches auf einen Holzpfahl schließen lässt, der darin steckte..."
Conradus unterbricht Peter Fischer:
„Ihr sprecht ein Maß an, das wir noch nicht kennen, was versteht ihr unter einem Meter?"
„O, entschuldigt, ein Meter ist der 10-millionste Teil des Erdquadranten, also der Entfernung vom Pol zum Äquator, einer gedachten Linie mitten um die Erde. Ihr merkt, in etwa 400 Jahren wird man so genaue Ver-

messungen der Erde angestellt haben, dass die davon abgeleiteten Maße auch viel genauere Maße im Kleinen besitzt. Ein Meter ist etwa so lang wie zwei Ellen.

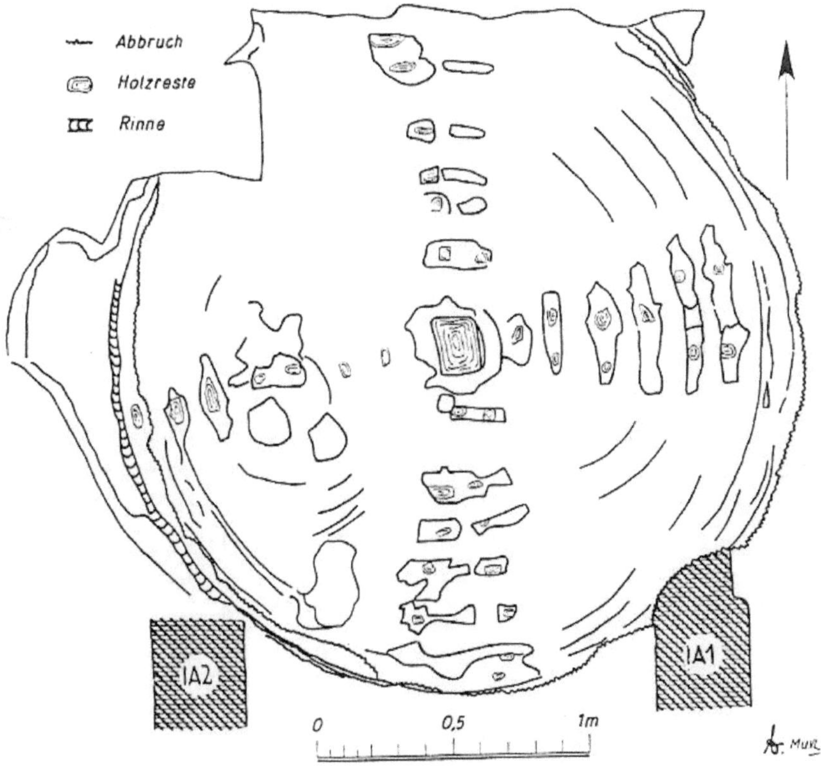

Grundriss der von Hugo Borger bei seinen Ausgrabungen gefundenen Mörtelscheibe im Fussboden des Münsters.

Nun weiter zu der Mörtelscheibe unter dem Fußboden. Der Ausgräber konnte sich darauf aber noch keinen Reim machen, wie wir sagen. Wer sich jedoch mit der Astronavigation befasst, der Methode, die man lange Zeit zur Ortsbestimmung von Schiffen auf dem Ozean

benutzt hat, kennt ein Gerät, das wir Sextant nennen, eine Weiterentwicklung des Astrolabiums.
Um auf dem Meer die genaue Richtung des Südens auszumachen, muss man versuchen, auf einem schwankendem Schiff - genau um die 12te Stunde nach unserer Tagesvorstellung, den höchsten Stand der Sonne zu finden. Dieser liegt bekanntlich genau im Süden. Hier kommt es auf größte Genauigkeit an, weil schon die kleinste Abweichung auf viele Meilen Fahrt erhebliche Fehler ausmachen. Wie aber kommt man zu dieser Genauigkeit? Man misst den Stand der Sonne nicht zur 12ten Stunde",
Conradus vermutet:
„Meint Ihr zur 6ten Stunde? Wir messen 12 Stunden von Sonnenaufgang bis Sonnenuntergang."
„Das stimmt, in unserer Rechnung hat der Tag von Mitternacht bis Mitternacht 24 Stunden. Also beginnt die Messung des Kulminationspunktes der Sonne eine Stunde vor 12.00, oder bei Euch 6.00 und dann noch mal eine Stunde danach. Wenn man davon die Mitte nimmt, hat man genau die südliche Richtung.
Es ist im Prinzip die Methode, die man bereits in der Steinzeit kannte und die die Erbauer dieser unserer ersten Kirche hier benutzt haben müssen, um die Kirche genau zu osten. Man hat dafür die Spitze des Schattenwurfes eines Holzpfahles am Vormittag und am Nachmittag auf den Kreis der Mörtelscheibe vermerkt und konnte so die Südrichtung feststellen und infolgedessen im rechten Winkel auch die Ostwestrichtung.
Man bezeichnet diese Methode auch als den 'Indischen Kreis', weil sie wahrscheinlich im fernen Indien zum ersten Mal erwähnt wurde."

„Es kommt bei Euch Benediktinern bei der Ermittlung der hl. Baulinie noch hinzu, dass ihr auch noch das Patrozinium, hier des St. Vitus, mit einbezieht. Das heißt, diese Kirche ist nicht nur, wie viele Kirchen, rein nach Osten, also dem aufgehenden Licht, dem Lumen Christi zugewandt, sondern es ist in die Berechnung auch noch der Tag des hl. Vitus, der 15. Juni mit einbezogen worden.

Vereinfacht bedeutet es: Wenn der höchste Stand der Sonne im Jahr am 21. Juni im Süden ist, rechnet man, wieder vereinfacht, 6 Tage im Jahreskreis von 360 Tagen zurück.

Nun muss ich einflechten, in späterer Zeit hat man den Kreis in 360 Teile, genannt Grade, eingeteilt. Im Norden bei 0° begonnen, liegt bei 90° Osten, bei 180° Süden usw. Wenn die hl. Baulinie so berechnet wird, muss man im Osten, also von 90°, 6° abziehen und richtet die Kirche infolge auf 84° aus, um das Patrozinium des Hl. Vitus zu berücksichtigen.

Euren Vorgängern ist jedoch bei ihrer Arbeit ein Fehler unterlaufen. Die hl. Baulinie der Kirche weist nicht auf 84°, sondern auf 87°.

Man hat die Kirche nach dem Julianischen Kalender ausgerichtet, der auch in der heutigen Zeit noch gilt. Fällt Euch nicht auf, dass Euch das natürliche Sonnenjahr immer mehr entgleitet wegen des relativ ungenauen Julianischen Kalenders?"

„Tatsächlich, Ihr habt Recht, es wird immer schwieriger, Ostern weiterhin ins Frühjahr einzuordnen. Hiermit haben sich schon namhafte Mathematiker beschäftigt, vor allem Hermannus Contractus ein Bruder und Universalgelehrter auf der Reichenau vor etwa zweihundert Jahren. Er wurde wegen seines Ringens um die

Osterrechnung bekannt.
Die Regelung des Ostertermins wurde auf dem Konzil von Nicäa getroffen und bereitet weiterhin in der Vorausberechung Schwierigkeiten.

Man hielt es ja lange Zeit für heidnisch, die menschliche Zeit in kleinere Teile zu zerlegen, weil man davon ausging, Gott habe für alles ein Mass geschaffen.
Jemand ganz anderes, nämlich St. Qulumban, erfand erst die 'Momente'.
Ein Moment war 1/40stel Stunde. Das jedoch reichte für seine Berechungen immer noch nicht, einen Rest zu tilgen. Dann erfand Hermannus Contraktus durch Teilung in purer Widersetzlichkeit zur allgemeinen Meinung das 'Atom'.
Er hatte nun seinen Mondmonat: 29 Tage, 12 Stunden, 29 Momente und 64 Atome.
Er merkte an, dass es immer noch weiterer kleinerer Unterteilungen bedürfe und dass alles nur Näherung ist."
Heiner Voss bemerkt dazu:
„Da hatte dieser Contraktus ja eine tiefe physikalische und philosophische Erkenntnis unserer viel späteren Zeit"
Frater Ludovicus, der bisher aufmerksam zugehört hatte, meldet sich zu Wort:
„Sagt nur, warum habt ihr so merkwürdige runde Scheiben an Lederbändern um Eure Handgelenke?"
Heiner Voss zeigt seine Armbanduhr vor.
„Das sind Zeitmessgeräte, man könnte auch sagen Chronometer, wir sagen dazu auch Uhr. Sie zeigen auf einem Zifferblatt, über dem sich ein kleiner und ein großer Zeiger aus der Mitte herausdrehen, die Tageszeit an. Auf diesem ist der Kreis in 12 Teile eingeteilt.

Der Tag zählt bei uns, beginnend bei Mitternacht, 24 Stunden zu jeweils 60 Minuten. Darunter gibt es noch die Einteilung der Minute in 60 Sekunden. Ähnliches haben wir ja eben von Euch über Unterteilungen des Hermannus von der Reichenau und dem St. Qulumban gehört, die ja 40 Momente und 40 Atome benutzten. Unser System hat mit der Einteilung bezogen auf den Erdumfang zu tun.
Der kleine Zeiger bewegt sich so langsam, dass er zwei Runden an einem Tag, sprich in 24 Stunden zurücklegt. Daher erklären sich die zwölf Ziffern für eine Runde. Der längere Zeiger bewegt sich einmal in der Stunde um sich selbst. Er macht also die Unterteilung der Stunden."
„Was ist mit Eurer Uhr?"
Ludovicus hat bemerkt, dass aber die Uhr von Peter Fischer eine andere Zeit anzeigt. Dieser antwortet:
„Ach, das ist noch ein anderes Problem.
Die Uhr von Heiner Voss ist so genau gebaut, dass sie immer die richtige Zeit anzeigt, und mit Hilfe des kleinen Rädchens nur selten korrigiert werden muss. Meine Uhr aber ist eine Funkuhr, die die richtige Zeit ständig über ein Funksignal von einer weit entfernten Uhr bekommt. Hier werden Ätherwellen, also uns umgebende ätherische Schwingungen, die man neuerdings entdeckt hat, benutzt. Bei uns kann man damit auch Sprache und Bilder von weit her übertragen.
Weil aber in Eurer Zeit ein solches Sendesystem noch nicht existiert, ist diese Uhr bei unserer Ankunft stehen geblieben.
Aber in Eurer Zeit arbeitet schon jemand an einer Räderuhr, soviel ich informiert bin. Zahnräder, also Räder, die in ihrem Umfang viele Zähne haben, die wiederum

in die Zähne anderer Räder greifen und so eine Drehbewegung und Drehgeschwindigkeit je nach Umfang weitergeben. Kennt man die bereits?
Eine solche Drehbewegung erzeugt man mit Hilfe von Gewichten, das müsste bekannt sein, später wird man dafür stählerne Federn benutzen."

„Werde ich erforschen. Was sind stählerne Federn?"

„Stahl ist eine Weiterentwicklung des Eisens, besonders hart und nicht brüchig und dünn ausgewalzt sehr flexibel. Aber das sind Erkenntnisse aus einer fernen Hüttentechnik. Könnt Ihr jedenfalls den Tipp mit der Einteilung des Zifferblattes verwenden?"

„Damit werde ich mich einmal mathematisch beschäftigen."

„Es wird noch etwa 320 Jahre dauern, bis ein Papst namens Gregor eine Kalenderkorrektur vornehmen wird und einfach ein Zuviel an Tagen, das bis dahin aufgelaufen sein wird, wegstreicht. Das ist der Grund-dafür, dass unsere Kirche nach unseren Messungen auf 87° ausgerichtet ist.
Aber zu den Disputen und wissenschaftlichen Streiten fällt mir der Spruch einer Dichterin unserer Zeit ein. Simone Weil sagt:
‚Sobald man einen Gedanken gefasst hat, sollte man forschen, ob nicht das Gegenteil wahr ist.'"

In diesem Augenblick betritt Abt Dietrich die Bibliothek. Lächelnd legt er den 'Aristoteles' auf den Tisch und bemerkte zu dem Letzten, das er mitbekommen hat , zu uns gewandt:

„Wie kommt Ihr eigentlich zu der Vorstellung, dass wir glauben, die Erde sei eine Scheibe?
Es hat zwar vor etwa 800 Jahren das Weltbild eines

Kosmas Indikopleustes gegeben, eines Reisenden, der der Meinung war, die Erde sei eine längliche viereckige Fläche in einem Kosmos als Tabernakel. Er wollte die Kugelgestalt der Erde widerlegen. Es hat sich aber das Wissen um seinen Irrtum durchgesetzt.
„Der hier", er wies auf den Aristoteles „und andere haben längst die Erdkugel beschrieben und Berechnungen über ihre Größe angestellt. Wie sieht es mit dem Wissen Eurer Zeit über uns aus?"
Heiner Voss meint:
„Es gibt ein merkwürdiges Phänomen in unserer Zeit, ehrwürdiger Abt. Wir bezeichnen Eure Zeit als das Mittelalter. Das wird Euch verwundern. Danach folgt eine Zeit, die man die Neuzeit nennt, weil sie geprägt ist von der so genannten Aufklärung. Wir leben in der so genannten Moderne.

Wir sind jetzt seit einer Woche bei Euch und wundern uns über vieles. Wir bekommen hier ein neues Zeitgefühl. Wenn ich mir jetzt vorstelle sagen wir mal, weitere siebenhundert Jahre nach unserer Zeit, oder, weil die Zeit immer schnelllebiger wird gar nicht mal so viel, wie werden die Nachkommen unsere Zeit nennen?
Mag sein, dass der Name Eurer Zeit festgeschrieben ist, aber unsere Zeit wird keiner mehr Moderne nennen. Sie werden höchstens von uns sagen, ‚sie glaubten in der Moderne zu leben.'
Aber zu Eurer Frage:
Ich kann Euch folgendes erklären. Etwa zu Beginn des 19ten Jahrhunderts war man des Meinung, das Mittelalter, sprich Eure Zeit, für rückständig zu halten. Dies führte auch zu der Fehlinformation, dass Eure Gelehrten an die Vorstellung geglaubt hätten, die Erde sei eine Scheibe. Dies galt als Überheblichkeit der Neuzeit.

Dazu hat 1828 ein Schriftsteller Namens Washington Irvings eine fiktive Kolumbusbiographie geschrieben. Darin behauptet er, Kolumbus, der Entdecker Amerikas Ende des 15ten Jahrhunderts, habe mit seiner Reise nach Westen beweisen wollen, dass die Erde eine Kugel sei, um so den Wissenschaftlern seiner Zeit, die immer noch an die Flachheit der Erde glaubten, die Kugelgestalt nachzuweisen.

Amerika ist übrigens ein riesiger Kontinent weit im Westen."

„Das wissen einige von uns übrigens auch schon von diesen Wilden und Ungestümen aus dem Norden, die vor Zeiten auch hier gewütet haben. Wir wissen es vor allem von unseren Freunden aus Irland, die wir christianisiert haben."

Der belesene Bibliothekar war stolz, diese Information weitergeben zu können.

Frater Ludovicus lässt etwas anderes noch keine Ruhe:

„Sagt, was wisst ihr mehr über Schwingungen, Ätherwellen und Funksignale?"

Peter Fischer:

„Das geht in den Bereich der Physik. Die Schwingungen im Äther haben unterschiedliche Wellenlängen. Sie sind langwellig bis in den Mikrobereich. Wenn man in einer bestimmten Wellenlänge bleibt, also mit Geräten, die dafür geeignet sind, eine elektrische Energie wie sie auch die Lampe benötigt, die ihr kürzlich bei der Lichtvorführung vom Meister Gerhard gesehen habt, dann kann man mit ihrer Hilfe Signale aussenden. Ein anderer, der ein solches Gerät hat und es auf die selbe Wellenlänge einstellt, kann dann die Nachricht empfangen. Diese Geräte gestalten die Wellen aktiv. Ich hoffe, Ihr

könnt Euch darunter etwas vorstellen.
Diese Ätherwellen existieren natürlich heute auch schon. Die Wärme eines Feuers strahlt in solchen Wellen oder auch das Licht. So hat jede Farbe ihre eigene Wellenlänge und der Schall, je nach Höhe des Tones ebenso.
Schallwellen sind übrigens relativ langsam, während das Licht sehr schnell ist. Das Licht benötigt von der Sonne zur Erde etwa sieben Minuten."

„Das alles, was Ihr hier schildert, ist in der Natur, nehme ich an, völlig unsichtbar?"

„So ist es."

„Handelt es sich dabei etwa um Supranaturalismus?"

„Nein, hier geht es um physikalische Erkenntnisse."

„Der ehrwürdige Vater hat uns gestern im Refektorium erzählt, Ihr habet davon berichtet, dass die Erde in einem unendliche Weltall nur ein kleiner Planet in einem kleinem Sonnensystem sei, davon aber unendlich viele andere existieren würden. Was ist denn ein Sonnensystem?"

„Unser Sonnensystem besteht aus Planeten, - die Erde nur ist einer davon -, die durch die gravitative Kraft der Sonne zusammengehalten werden. Sie befinden sich in einer lokalen Blase, genannt Milchstraße, von der es auch wieder ganz viele in einem unendlichen Weltall gibt."

„Ihr sprecht von Milchstraße. Bedeutet es, dass es Kühe im Weltall gibt?"

„Der Begriff Milchstraße, steht für eine unendliche Anhäufung von Sonnen, also Sternen mit ihren Planeten, in unserer Nähe im Weltall, gemessen an dem nicht fassbaren Begriff der Unendlichkeit. Milchstraße wurde gesagt, weil in dunklen Nächten die Anhäufung dieser Sterne am Himmel wie ein leicht milchiges Band wirkt."

„Und was ist dazwischen?"

„Der unendliche Raum, in dem das alles ist, besteht sozusagen aus nichts."

„Ist das nicht ein Widerspruch, wie kann nichts sein, wo dass alles ist?"

„Gemeint ist damit, dass in den Zwischenräumen, in den riesigen Entfernungen, nichts ist. Keine Atmosphäre, keine Luft und so weiter."

„Auch keine Korpuskel, keine kleinsten Teilchen?"

„Nein, ich glaube nicht, lediglich Ätherwellen und Schwingungen. Die festen Teile bestehen wohl aus Korpuskeln, Atomen, die aber auch nicht fest sind."

„Schon wieder ein Widerspruch.
Aber warum gibt es das alles hier?"

„Die Korpuskel sind auch im Festen so klein, dass man ihre Bewegungen umeinander so nicht wahrnehmen kann.

„Danke, ich werde alles sofort aufschreiben."

Heiner Voss bemerkt zu Peter Fischer:

„Das wird sicher ein wissenschaftliches Werk, wenn Ludovicus so weitermacht. Leider ist es in späterer Zeit verloren gegangen."

Abt Dietrich meint:

„Conradus, ich glaube wir müssen unseren jungen Freund Ludovicus sofort von seinen Kopierarbeiten freistellen, was meint Du?"

„Ich glaube auch, das ist das Beste, ehrwürdiger Vater."

Heiner Voss nimmt den Abt beiseite.

„Ich möchte Euch von einem Vorkommnis auf dem

Engelshof berichten. Wir sind gestern durch den Kammerbusch und dann durch die Heide zurück zum Engelshof gelaufen.
Dort wären wir um ein Haar einem Vogt namens Walberus und seinen Leuten in die Hände gefallen, die uns gezielt verfolgten. Nur unserer guten Ortskenntnis verdanken wir, dass er uns nicht gefunden hat.
Wir wollen Euch dies zur Kenntnis geben.
Außerdem wird sich heute abend, hoffentlich, der Termin unserer Rückkehr in unsere Zeit ergeben"
„Ach, so schnell habe ich nicht damit gerechnet. Jetzt könnt Ihr die Abtei nicht mehr verlassen, man wird Euch ständig beobachten.

Hier seid Ihr auf jeden Fall sicher. Solange der Erzbischof von Köln oder der Herr Papst mich nicht demissioniert, bin ich hier dem Allmächtigen am nächsten."
Heiner Voss denkt, ausgerechnet Dietrich spricht so, der einzige der zweiundvierzig Äbte dieser Abtei, dem einmal in hohem Alter dieses Schicksal der Absetzung treffen wird.
„Jetzt ist mir klar, was dieser Dominikaner Rochus Blasius Streithoven hier will. Der Inquisitor ist heute Vormittag in der Abtei eingetroffen, in der Zeit Eures Aufenthaltes hier in der Bibliothek. Ich habe ihn noch nicht empfangen."

Kapitel XI

in dem eine Disputation zwischen Abt Dietrich und dem Inquisititor Rochus Blasius Streithoven über das Schicksal der Zeitreisenden und die unterschiedlichen Religionsauffassungen stattfindet und der Abt und die meisten Mönche ihnen helfen, in letzter Sekunde der Gefahr zu entkommen

„Hochwürdiger Abt,“ der Dominikaner Rochus Blasius Streithoven räuspert sich, „es ist mir zu Ohren gekommen, Ihr beherbergt in Euren Mauern zwei Kreaturen, die ich ketzerischer und blasphemischer Äußerungen verdächtige. Eure löbliche Gastfreundschaft in allen Ehren und ich möchte annehmen, Ihr selber nunmehr habt das Gefühl und die Erkenntnis, diese für Eure Ordensgemeinschaft großzügige und selbstverständliche Aufnahme wurde missbraucht. Grenzen wurden überschritten, der hl. Glaube gefährdet, Zauberglaube verbreitet und das gläubige Volk in Unruhe versetzt.
Das Ausmaß dieser Grenzverletzungen muss ich untersuchen und Euch von diesen Häretikern, Ketzern und Blasphemikern befreien. Ich kann verstehen, dass dies Euch selber schwer fällt. Ich biete Euch hiermit meine Hilfe an. Diese beiden werde ich nach einer Untersuchung und entsprechender Beweislage einer Anklage zuführen.“

Am späten Nachmittag des Tages ihrer Rückreise sitzen die Zeitreisenden im Langhaus der Klosterkirche neben dem Durchgang an der Bretterwand zur Baustelle. Von hier haben auch die Baustelle des Chores im Blick, um sofort sehen zu können, wenn die Lichtsäule auftauchen sollte. So können sie sie gegebenenfalls sofort erreichen.

Neben ihnen ragt die Bretterwand hinter dem Altar mit einem Bild der Mutter Maria mit dem Jesuskind auf. Mehrere Kerzen flackern davor.
Abt Dietrich hatten sie informiert, dass die Möglichkeit ihrer Rückreise ab etwa einer Stunde nach Eintritt der Dämmerung möglich sei.
Die Vesper ist gerade vorüber. Die Mönche haben in ihrem Chorgestühl wieder Platz genommen, als der anwesende Dominikaner das Wort ergriff.

Der Dominikanerorden des Rochus Blasius Streithoven wurde 1231 von der Kurie mit der Inquisition und der Bekämpfung der Ketzer beauftragt. Daher ist Streithoven mit der Legimitationsbulle des heiligen Vaters hier im Kloster erschienen und fühlt sich in der Pflicht, eine Untersuchung der Rechtgläubigkeit durchzuführen. Der Inquisitor hatte am Mittag, als er aus Millendonk aufbrach, dem Vogt Walbergus Anweisung erteilt, am Abend mit seinen Schergen in der Abtei sich bereit zu halten.
Zwar ist der Dominikanermönch von seiner Stellung her dem Abt in seinem Kloster untergeordnet und muss auch das Hausrecht des Abtes akzeptieren. Als Inquisitor jedoch fühlt er sich allen Klostergesetzen gegenüber erhaben.
Abt Dietrich antwortet:
„ Es ehrt Euch, dass Ihr um meine Gefühle über einen

möglichen Missbrauch meiner Gastfreundschaft sorgt. Oder muss ich nicht doch eher denken, Ihr verfolgt eigene Interessen?

Wen ich hier als Gast aufnehme und ob Gäste von mir Grenzen verletzen, obliegt allein meiner Beurteilung und Verantwortung. Sollte hier etwas zu untersuchen sein, was dem Kirchenrecht unterliegt, dann werde ich das selber tun. Eure Untersuchungsmethoden sind mir bekannt, entsprechen jedoch nicht der hiesigen Gepflogenheit.

Über das, was Ihr so großspurig und - verführt durch die Natter der Hoffart - meinen Gästen vorwerft, haben wir uns eine eigene Meinung gebildet.

Wir sind jedoch gerne bereit, mit Euch in eine Disputation über Inhalte, die Euch am Herzen liegen, einzutreten."

Der Inqusitor ist zunächst über die spontane Reaktion des Abtes verblüfft, fängt sich aber sofort wieder.

„Bei Euch sind durch diese Leute da", er zeigte auf die Gäste, „Gedanken verbreitet worden, die im eklatanten Gegensatz zu dem stehen, was die heilige römische Kirche lehrt. Nicht Revolution und Fortschritt sind das Wesensmerkmal unseres Glaubens, sondern die erhabene Bewahrung und fortdauernde Rekapitulation dessen, was die Kirchenväter unserer heiligen Mutter Kirche vor langer Zeit grundgelegt haben.

Gerade für Euren Orden, Euer Kloster - ich erinnere an Eure Regula Benedikti - müsste dies nicht von mir angesprochen werden. Ich hätte erwartet, bei Euch als erstes die Bewahrung der reinen Lehre unseres Glaubens anzutreffen."

„Ihr sprecht Vorwürfe aus, die alles bedeuten können. Wir haben hier Gäste aus einer anderen Zeit, die

uns in ihrer Sprache andersartig vorkommen. Nicht jeder von uns ist in der Lage, diese Andersartigkeit zu ertragen.
Aber wenn wir die Gelegenheit haben, Zukünftiges zu erfahren und dort Entwicklungen aufgezeigt bekommen auch und gerade, was unsere mater ecclesia betrifft, die immer tiefer in Verstrickungen gerät, die sie anderen vorwirft, so ist es unsere Pflicht, das Gehörte zu reflektieren, und Stellung zu beziehen.
Die an den Fleischtöpfen sitzen, die Fürstbischöfe und Ihr in ihrem Namen, werft den minderen Brüdern und ihren Anhängern Glaubensabweichungen vor und sprecht ihnen das Recht ab, in der Auslegung der hl. Schrift die Armut, das heißt den Nichtbesitz von Gütern vom armen Jesus von Nazareth abzuleiten. Ich muss sagen, wir Benedikiner entsagen in der Regel keinesfalls dem Besitz, obwohl wir hier gerade nicht mit Reichtum gesegnet sind.

Aber die Freiheit, dass Menschen sich darüber Gedanken machen, ob Jesus und die Seinen möglicherweise auf Güter verzichtet haben, könnt Ihr niemandem verbieten. Vor allem deshalb nicht, weil die Gier nach Reichtum bei den Hirten des Gottesvolkes, ihr Schwelgen im Überfluss und Ihre Versessenheit auf Gold und Silber von uns mit großem Entsetzen beobachtet wird.

Auch Ihr habt das Armutsgelübde abgelegt und müsstet Euer Augenmerk auf diese Zustände richten.
Wir fragen nach den Hirten der Herde heute:

Sind sie oft nicht Mietlinge, die sich um sich selbst sorgen?
Wissen wir nicht auch, dass sich Wölfe in Schafspelzen unter uns eingeschlichen haben?

Und es zeigt sich, daß sie kein Herz aus Fleisch haben, sondern ein Herz aus Stein, ein Buchstaben-Herz, dass anderen entgegenschleudert, dass die Gesetze der Kirche die einzig maßgeblichen Gesetze für die Menschen sind.
Wenn das gilt, wenn das Hirten sagen, dann steht fest, dass das keine Hirten sind, sondern reißende Wölfe in Schafspelzen, oft hoffärtig und mit eitlem Gehabe. Mir scheint, Ihr gehört auch dazu. In Abwandlung Eures Ordensnamens 'domini canes'. Hetzende Hunde sind nicht weit von reißenden Wölfen entfernt."
Rochus Blaslus Streithoven ist rot vor Wut angelaufen:
„Was ist nur in diesem Kloster los, seit Ihr Abt seid Theodoricus?
Und jetzt, seid Ihr durch die beiden Abweichler bereits so beeinflusst, dass Ihr Euch auf den schwankenden Boden eines zweifelhaften Fortschritts, gar einer epochalen Revolution begebt?
Stellt auch Ihr die von Gott gewollte Ordnung in Frage?
Was Ihr da von den Wölfen in der Kirche sagt, mag inzwischen eine notwendige Rolle von uns sein - bei alle dem, was sich an Häresien, Abweichungen von offizieller Lehre, selbstgewählte Anschauungen überall abspielt. Ihr als Abt müsstet sehr genau den Diskurs über die diesbezüglichen Sorgen unserer heiligen Kirche kennen."

Heiner Voss flüstert in Richtung Peter Fischer:
„Hier hören wir Gründe, warum Abt Dietrich einmal aus seinem Amt abgesetzt werden mag in etwa 35 Jahren. Dabei sind wir oder Informationen, die er von uns bekommen hat, keinesfalls die Ursache, weil diese Ge-

schichte sich ja vor uns zugetragen hat. Dietrich ist in seinem Denken um viele Jahrhunderte voraus. So einer überlebt diese Zeit nicht in Frieden."

Dietrich antwortete dem Dominikaner:
„Die Sorgen der offiziellen Kirche sind selbst gemacht. Wie wir aus der Zukunft erfahren haben, wird dieses Spiel über viele Jahrhunderte weitergeführt werden. Es ist mit dieser Methode nichts zu gewinnen und wird noch viel Elend über die Menschheit bringen.
Der einzige Weg scheint mir die Toleranz, das friedliche Nebeneinander der verschiedensten Ansichten in gegenseitiger Achtung und Anerkennung zu sein.
Aber wie wir aus noch weit entfernter Zukunft erfahren, wird auch in dieser zukünftigen Zeit noch die gleiche Problemlage vorherrschend zu sein. Das entbindet uns jedoch nicht davon, ernsthaft darüber nachzudenken, wie wir dieses Übel, dieses Wirken des Antichrist aus der Welt schaffen können. Hier biete ich Euch meine fromme Hilfe an."

„Ihr plädiert also ernsthaft für ein vom wahren Glauben abfallendes Christentum, dass mit allen dahergelaufenen Ansichten, Meinungen, Religionsvorstellungen und synkretistischen Häresien wie Gnostizismus, Markionismus und mit den Abweichlern christologischer Häresien, welche auch immer das sind, Frieden halten soll?
Frieden etwa auch mit den Ungläubigen, den Apostatikern oder gar mit den Blasphemikern und den Gotteslästerern?"
„Wir steuern auf eine - zwar noch ferne Zukunft – zu, einer Welt, die geprägt sein wird von einer ungeheuren

Veränderung, einer globalen Säkularisierung. Das ist eine Entwicklung des Menschen, in der die Begierde nach wissenschaftlicher Erkenntnis immer mehr zunehmen wird.

Der Wunsch, die Welt zu verstehen, wird immer größer. Ihre Erforschung und die resultierenden Ergebnisse an Wissenzuwachs werden für uns unvorstellbar sein. Sie werden in ihren Auswirkungen auch vor allen Religionen nicht halt machen. Der Wandel in der Welt, so wurde uns versichert, macht zwingend auch Wandel der Kirche und ihrer Lehre erforderlich.

Wenn wir zum Beispiel von der unendlichen Weite des Kosmos oder in ihm die ständige weitere Entwicklung der Kreatur im Rahmen einer sogenannten 'Evolution' hören, sollten wir auch jetzt schon über unser Gottesbild nachdenken.

Wie wir vernahmen, werden einmal Menschen in einem Raumschiff durchs Weltall fliegen und bemerken, dass da kein Gott zu sehen ist. Wie uns versichert wurde, hätten sie sich wegen dieser Naivität lächerlich gemacht. Lächerlich gemacht nicht weil niemand mehr an Gott glauben wird in dieser fernen Zukunft, sondern weil das heutige Gottesbild längst revidiert und sich gewandelt hatte. Unsere Freunde bestätigen: der Erkenntnishorizont des Menschen, bedingt durch die natürliche Einschränkung unserer fünf Sinne, ist so eng, dass in Bezug auf das Jenseits unsere Erkenntnisfähigkeit eine ungeheuere Erweiterung für jede Art von Transzendenz erfahren wird.

Wir werden unseren Erkenntnishorizont, wie wir ihn derzeit sehen, ausweiten und dürfen nicht immer nur nachgeben, wenn unsere Enge im Denken von anderen bewiesen wird. In der Antike war man schon weiter."

„Ihr verlangt viel von unserer heiligen Mutter Kirche auf das Geschwätz hin von diesen Leuten da. Stellt Euch das Chaos vor in unserer Zeit, in der jetzt schon viele sich das Recht nehmen und tun, was sie möchten.“

Peter Fischer meldet sich zu Wort:

„Der Wandel der Welt, von dem ihr sprecht, ehrwürdiger Abt, wird durch das Handeln des Menschen zwar erst in einer fernen Zukunft, in einem Maße zunehmen, dass die gesamte Biosphäre dieses Planeten auf einen Abgrund zu treiben wird.

Ihr lebt immer noch in Erwartung des Heils der Wiederkunft des Erlösers. Die verhängnissvolle Entwicklung von der Ihr sprecht, ist noch lange hin. Was interessiert es uns Heute.

Wir haben aber Erkenntnisse bezüglich der Ursachen gewonnen, die wir Euch nicht vorenthalten dürfen und vor unserer Rückkehr hier äußern wollen mit der Absicht Euch zum Nachdenken zu bringen.

Die in Zukunft zunehmende Verbreitung der christlichen Tradition hat biblische, alttestamentarische Leitvorstellungen im Gepäck, die dem Menschen eine herausragende Rolle in der gesamten Schöpfung einräumt. Dem Menschen allein wird Gottesebenbildlichkeit zugeschrieben. Keinem anderen Lebewesen, keiner anderen Kreatur und auch nicht dem gesamten Kosmos wird ähnliches Privileg eingeräumt. Es scheint ein riesiger Graben zwischen uns und den anderen Arten zu existieren. Daraus folgert man die grundsätzliche Höherwertigkeit des Menschen.

Jedem möglichen Zweifel über die absolute Überlegenheit des Menschen steht Gottes Auftrag zur totalen Herrschaft entgegen: „Machet euch die Erde untertan!“

Dem Menschen ist freigestellt, wie er diesen Auftrag erfüllt.

Ihr kennt noch andere Stellen in der heiligen Schrift, über die schon in Eurer Zeit neu nachgedacht wird: die Erneuerung des Bundes zwischen Gott und den Menschen unter dem Regenbogen: „Nicht aufhören werden Saat und Ernte, Furcht und Zittern." Gemeint ist wohl Furcht und Zittern der Tiere vor dem Menschen.

Jesus von Nazareth,- man könnte ihn einen charismatischen Außenseiter nennen - hatte in der letzten Phase seines Lebens jede Rückendeckung durch die politischen und religiösen Gruppen seiner Zeit verloren. Er hatte überlieferte und versteinerte Wahrheiten so interpretiert, dass sie völlig neu lebendig und umwälzend wirkten.

Durch seine Hinrichtung wollte man verhindern, dass er zu einem Kristallisationspunkt einer großen Masse von Deklassierten würde.

Wir kennen auch das große Thema Eurer Zeit: religiöse Abweichler, die die Armut, abgeleitet von der Armut Jesu, auf ihre Fahnen geschrieben haben. Sie treffen auch Eure Gesellschaftsordnung im Kern.

Aber die Geschichte, die noch kommt, lehrt uns, dass sie durchaus recht haben.

Euer monastisches Leben, mit den Postulaten der Einfachheit, der Menschlichkeit und der Mystik ist Vorbild für die Menschen. Benedikt von Nursia, Franziskus, Hildegard von Bingen und viele andere haben es wegweisend gelebt.

Dennoch: Die Interpretationen der Bibel auf die Stabilität der Erde, die Hinordnung der gesamten planetarischen Biosphäre auf den Menschen hin wird bestätigt, ungeachtet aller Verbrechen, die der Mensch gegen

sich selbst und gegen seine Welt begehen wird. Der Mensch scheint ausdrücklich aus dem ökologischen Zusammenhang herausgenommen.
Die kollektive Unsterblichkeit des Menschen scheint durch göttliches Versprechen gesichert. Es scheint kein Risiko für den Menschen zu existieren.
Was aus dem Planeten wird, steht auf einem anderen Blatt.

Und wo in Zukunft der gütige Missionar Fuß fassen wird, ob in den riesigen Ländereien jenseits der Ozeane, die in der Zukunft entdeckt werden, der Conquistador mit Kanonen, der Pfeffersack und Krankheiten war schon vorher da.

Die Zukunft ist nicht Eure Sache, auch unsere nicht; obwohl wir in unserer Zeit vor einer globalen Katastrophe stehen.

Wir haben uns daran gewöhnt, Wölfe unter Wölfen, Schafe unter Schafen, Schädlinge unter Schädlingen zu sein, die blind nach Futter suchen.

Das Schlimme ist: das Christentum verbreitet mit der oben genannten Botschaft aus der Bibel auch immer Unheil."

In der Kirche herrscht große Stille.

In diesem Augenblick erscheint am hinteren Eingang des Münsters der Vogt mit seinen sechs Leuten. Drei von ihnen sind Bogenschützen.

Walbergus, der versucht, die Lage einzuschätzen, bleibt zunächst hinten und verteilt dann jeweils drei seiner Männer im nördlichen und südlichen Seitenschiff der Kirche. Er selbst gesellt sich etwas hinter Streithoven.
Dietrich ist empört über das Eindringen der weltlichen

Macht in sein Kloster, will aber den eskalierenden Streit friedlich klären. Zunächst setzt er auf Zeitgewinn. Er sagt in Richtung der bewaffneten Eindringlinge:

„Zur Vesper habt Ihr Euch verspätet meine Herren, aber wenn Ihr die Waffen ablegen würdet, die im Gottesdienst sehr stören und verboten sind, könnt Ihr gerne noch der Disputation folgen und später unserer Komplet beiwohnen.

Was wir hier gerade gehört haben, macht uns tief betroffen. Wir werden ausführlich darüber nachdenken, reden und sehen, wie die von Euch angesprochene Botschaft unter dem Gesichtspunkt der Weltveränderung durch die Hand des Menschen aufzufassen ist.

Und jetzt zu Eurer Sorge um unsere Ecclesia, hochwürdiger Pater Streithoven. Meint Ihr nicht, dass die göttliche Stärke, wie bei unserem Herrn Jesus Christus, in der Schwäche zu finden ist?
Will Gott nicht, dass wir uns selbst finden in einem liebenden Gott?"

„Was redet Ihr da?
Ich zweifele an Eurem Verstand. Ich bin der Vertreter einer streitbaren, starken Kirche!"

„Nun, denkt einmal nach. Wir erfahren, wie lange es wohl noch dauern wird bis zur Erlösung durch den Messias am jüngsten Tag.
Wenn diese Herren im fernen Jahre 2008 es noch nicht erlebt haben, obwohl auch diese Kirche hier noch bestehen wird, sind alle unsere inbrünstigen Bitten, unsere Bussfertigkeiten, Ablässe, Kreuzzüge und Vorstellungen von einem von uns überschaubaren Ablauf einer baldigen Endzeit zu revidieren. Müssen wir nicht auch ganz andere Glaubensvorstellungen akzeptieren?

Wir haben in unserem Glauben unsere eigenen Bilder, die wir auch behalten werden. Aber darum können andere auch andere Vorstellungen haben, ohne dass sich hieraus Konflikte ergeben müssten. Warum habt Ihr mit einer solchen Anschauung Probleme?"

„Zum ersten ist nicht denkbar, dass von hier das ganze, mühsam über Jahrhunderte erarbeitete Glaubensgerüst der heiligen römischen Kirche umgestürzt werden könnte - aus dem Rheinland! Ich fasse es nicht!
Das haben Andere anderswo schon versucht. Die göttliche Ordnung, wie sie vom Papst und den Konzilen gegeben wurde, haben wir zu schützen, nicht zu verändern, gar auf den Kopf zu stellen, ganz egal, was in der Zukunft geschieht. Und außerdem, was die dort sagen und der ganze Humbug mit einer sogenannten 'Zeitreise aus der Zukunft', ich sage Euch, sie haben Euch beeindruckt und an der Nase herumgeführt durch ihre Licht - Zaubereien. Geben wir sie der weltlichen Macht in die Hand und Ihr werdet sehen, was davon übrig bleibt - nichts!"

Die Uhr von Heiner Voss zeigt kurz vor 19.00 Uhr. Er hat die Programmvorschau des Münsters aus der Manteltasche geholt.
Jan.- April 2008
Do.07.02. 19.30 Uhr
'Aus der Nähe besehen – Das Bibelfenster'
Diaschau H.P. Borgouns, im Hochchor

Für 19.30 Uhr ist der Beginn der Lichtbild-Schau vorgesehen. Die Möglichkeit ihrer Rückkehr.
Er überlegt, dass Heinz Peter Borgouns seine Lichtbild-Veranstaltungen immer gründlich und rechtzeitig vor-

bereitet. Also kann ab jetzt jederzeit der Beamer eingeschaltet werden. Er flüstert Peter Fischer zu, sich schon mal nacheinander möglichst unauffällig in den Durchgang zur Baustelle zu begeben.
Der Vogt mit seinen Leuten ist schon in den Seitenschiffen nach vorne gekommen. Er beobachtet die Gestik des Inquisitors.

Abt Dietrich antwortet aufmerksam:
„Eine eigene Meinung zu den Dingen in der Welt zu haben, setzt wohl starken Glauben und innere Stärke voraus, was wir oft bei Menschen mit radikalen Ansichten nicht feststellen konnten. Die meisten Menschen brauchen das vorgegebene Gerüst starrer Systeme und Institutionen.
Und was meine Gäste betrifft, werden sie so lange unter unserem Schutz stehen, wie es uns beliebt."
„Das werden wir sehen. Ich habe den päpstlichen Auftrag und die Legitimation, hier einzugreifen und das werde ich jetzt tun, ob mit oder ohne Eure Zustimmung."
Der Dominikaner gibt dem Vogt ein Zeichen, worauf hin die Truppe des Vogtes sich in Bewegung setzt und vorrückt.
Der Abt stellt sich vor seine Gäste in den Durchgang zur Baustelle und fordert seine Mönche auf, ebenfalls den Durchgang zu blockieren. Etwa 12 Brüder von den 16 anwesenden folgen seiner Aufforderung. Die restlichen bleiben bei dem Prior Godefidus de Wickeraide sitzen.
Dietrich nimmt dies erstaunt zur Kenntnis. Es bestätige ihm jedoch seine Vermutung, woher dieser Dominikaner so schnell seine Informationen bezogen hat.

Hierüber werde in einer nächsten Kapitelversammlung zu reden sein. Er würde deutliche Worte finden über Solidarität und den Gehorsam der Mönche.

In diesem Moment erscheint im vorderen Bereich der Baustelle die Lichtsäule. Ihr mattes Strahlen erhellt die Umgebung. Mit großer Erleichterung gehen die Zeitreisenden auf die Stelle zu.

Der Abt folgt seinen Gästen und gibt den Durchgang für die Mönche frei, die ebenfalls nachfolgen. Kurz vor der Lichtsäule umarmt Dietrich seine beiden Gäste noch einmal, während die Mönche einen Kreis bilden. Hinter ihnen tauchen der Inquisitor mit dem Vogt Walbergus und dann die Büttel auf.

In Richtung des Dominikaners sagt Heiner Voss zum Abt Dietrich:

„Seine Nachfahren werden sein bis in unsere Zeit.

Euer Kloster wird noch hunderte von Jahren existieren. Ihr aber habt noch einen langen Dienst vor Euch. Gehabt Euch wohl."

Sprachs und tritt hinter Peter Fischer in die Lichtsäule.

In diesem Augenblick schießt einer der Bogenschützen einen Pfeil hinter ihnen in die Lichtsäule. Er verschwindet gleichzeitig mit den Zeitreisenden.

Gemessen an der Dunkelheit des Mittelalters finden sie sich in strahlender Helligkeit wieder.

Niemand ist zu sehen. Heinz Peter Borgouns ist wohl gerade in der Sakristei.

Er sucht die Fernsteuerung für den Beamer.

Heiner Voss zieht ihn aus der Manteltasche und verändert die Programmierung.

Neben ihnen liegt der Pfeil des Bogenschützen auf

dem Boden des Münsters.

Epilog

An einem schönen Sonnentag im Februar sitzt Peter Fischer im Garten des Brunnenhofes. Er träumt gerade über ihre Zeitreise ins Mittelalter.
Sie waren bei der Polizei als vermisst gemeldet. Man glaubte gar an eine Entführung, weil das Fahrrad von Heiner Voss an der Mauer des Skulpturengartens gefunden wurde.

Auch versuchte man Rückschlüsse auf die Beziehungen der beiden zu ziehen. Den Ehefrauen begegnete die Polizei mit Misstrauen. Aber letztlich musste man ihnen glauben.

Die Küsterin war genauestens befragt worden, wie sie die Kirche vorgefunden hätte. Als sie den Beamer zurückgestellt hatte, war ihr nicht aufgefallen, dass die Fernsteuerung des Beamers fehlte.

Als sie eine Woche später plötzlich wieder im Hochchor standen, hatte auch niemand ihre Ankunft beobachtet, so dass Ihre Aussagen letztlich als unglaubwürdig angezweifelt wurden.

Der Pfeil, der die Zeitreise aus dem Mittelalter mitgemacht hatte, wurde nach einer Untersuchung in einem Fachinstitut von seinem Alter her als echt bestätigt, aber schliesslich gab es auch im Museum Schloss Rheydt und auch anderswo alte Pfeile. Auch das Stück Seidentuch wurde als sehr alt und byzantinschem Ursprungs, wie die Seidenreste aus der Schatzkammer bestätigt. Man glaubte sogar einen gleichen Ursprung von der Machart her bestätigen zu können. Dabei war es unfassbar, dass die Farbenpracht und der Erhaltungszustand so gut war.

Heiner Voss hatte begonnen, darüber ein Buch zu schreiben. Weil sie aber dem Abt Dietrich versprochen hatten zu verhindern, dass nun ein Zeitreise - Tourismus beginnen würde, durfte es nur ein Roman werden.

Heiner Voss ist an diesem Tag ebenfalls im Brunnenhof.
Eine Kindergruppe untersucht mit großem Interesse und einem Scheinwerfer von oben den unteren Grund des Brunnens. Sie stellen sich vor, wie Mönche vor tausend Jahren den Brunnen gegraben haben und welche Dienste er all die vergangenen Zeiten geleistet hat.

Dann beginnen sie damit, ihn mit einem Stein an einer Schnur zu vermessen und prüfen mit einer brennenden Kerze, wie die Luft dort unten ist; also ob man dort atmen kann.

Danach nehmen sie gedanklich Verbindung zu den Mönchen früherer Zeiten auf.

Heiner Voss steht dabei die ganze Zeit genau an der Stelle, die er dem Abt Dietrich angegeben hat. Ob das Messingkästchen mit der Urkunde über die Gründungsgeschichte der Abtei Gladebach hier tatsächlich noch vergraben ist ?

Zwei Stunden später holen sie einen Metalldetektor und einen Spaten aus ihrem Auto und beginnen, den Brunnenhofrasen in der Nähe des Brunnens abzusuchen. Es dauert nicht lange und sie orten in 70 cm Tiefe das Metall. Der Rest ist eine Kleinigkeit.

Neben der erbetenen Gründungsgeschichte der Abtei Gladebach, die ihnen im wesentlichen bekannt ist, findet sich im Grabungsbefund ein Brief von Abt Dietrich:

An die Brüder im Herrn des Jahres Anno Domini 2008

Henrikus Vossus und Petrus Fischer, so Euch diese Nachricht erreicht und Ihr wohlauf seid mit Gottes Segen und Wohlwollen

Wie versprochen, haben wir Euch eine Abschrift der „Sermo in Interventione reliquiarum sanktum Viti, Cornelii, Cypriani et allorum in Gladebach" hinterlegt, nach Eurem Wunsche an einem von Euch bestimmten Orte, der so beschaffen ist, daß man Zeugnis erst in Eurer Zeit findet.

Wie wohl in der Zwischenzeit Steine zerfallen und von kundiger Hand wieder aufgerichtet werden, möge es Euch gelingen, auch Kunde zu erlangen, was nach Eurer Abreise, geliebte Brüder im Herrn, sich zugetragen hat von dem Augenblicke Eures seltsamen Verschwindens in dem merkwürdigen Lichte.

Zunächst, in unser aller Augen herrschte unbeschreibliches Staunen über das Geschehen Eures Aufgehens in der Lichtsäule. Besonders hart traf es jedoch den Inquisitor, den Dominikaner Pater Blasius Rochus Spickhoven. Er verstand die Welt nicht mehr.

Er wurde bleich im Gesicht, stürzte dann mit einem Schrei aus seiner Kehle nieder und wandte seinen Leib in Zuckungen. So schwer war die Erkenntnis um seine Irrung, und Verwirrung.

Hernach erbarmten wir uns und trugen den Entmächtigten in eine Zelle unseres Klosters, um ihm während dreier Monde eine intensive Pflege zukommen zu lassen.

Er durchlitt eine Zeit grosser Verwirrung.
Als er wieder auf den Beinen war, hatte er sich vom Saulus zum Paulus gewandelt.

Er begann, mit völlig anderer Zunge zu reden.
Ähnlich, von seiner Energie und seiner Beredsamkeit her einem Doctor mellifluvus Bernhardus de Clairvaux, vom Inhalt seiner seiner Rede her einem Franziskus von Assisi mit einem ganz neuen Verhältnis zur Schöpfung und zur Natur aber eigener Vorstellungen von einer Welt, eines Christentums (die er wie Ihr wisst, selber vorher bekämpfte).
Nach ein paar weiteren Monden , in denen er sich in unsere Bibliothek zurückgezogen hatte, zog er los in die Welt.

Uns alle haben Eure Kunde von der Entwicklung der zukünftigen Welt stark beschäftigt.

Der Dominikaner aber machte sich eines Tages, gestärkt an Leib und Seele und im Kopfe mit großer Klarheit auf den Weg nach Süden. Die Erkenntnis, dass das Christentum auf einem falschen Wege sei mit dem Missverständnis, dass Gott den Menschen befohlen hätte, sich die Welt radikal untertan zu machen, trieb ihn an.
Seine Botschaft war:
„Ihr Menschen sollt verantwortungsvoll mit der ganzen Schöpfung umgehen. Verderbt die Luft nicht, die Ihr atmet. Vergiftet das Wasser nicht, das Ihr trinkt. Zerstört nicht sinnlos geldgierig die Wälder und die Natur. Überdenkt Euer Verhältnis zu den Tieren, denn sie sind Eure entfernten Geschwister.“
Das Gotteswort aus der Genesis trug er in alle Winde und die Mächtigkeit seiner Worte machten Eindruck.

Gott vertraut dem Menschen die Herrschaft über allen Krauts, allen Getiers auf der Erde an, alles was wächst und gedeiht beinhalte sorgsamen Umgang, nicht Ausbeutung.
Hierüber werde der Herr eines Tages Rechenschaft verlangen: War es verantwortungsvoll gestaltete Herrschaft, oder wurde alles zugrunde gerichtet, werde die Frage sein, so war die Rede des Dominikaners.
Und weiter: Aus dem Bündnis Gottes mit den Menschen und aus der dem Menschen zugeschriebenen Gottesebenbildlichkeit sei nicht zu schließen, dass ein tiefer Graben zwischen dem Menschen und dem Rest der Schöpfung angelegt sei. Seine, des Menschen Höherwertigkeit sei daraus nicht abzuleiten.
Dummerweise werde der Graben nicht als Unglück empfunden.

In unserem Kloster hat das durch Eure Zungen Gehörte über die Entwicklung in der Zukunft großes Nachdenken, aber nur wenig Einsicht hinterlassen.
Wir sagten uns, müssten wir nicht einmal neu über den Schöpfungsauftrag, dem Versprechen Gottes nach der Sintflut nachdenken?

Als Noah die Arche verließ und in feierlichem Opfer Versöhnung feierte, der Regenbogen erstrahlte als Bundeszeichen und der Pakt zwischen Gott und Mensch erneuert wurde, offenbarte Gott seinen Entschluß:
„Nicht aufhören werden Saat und Ernte mehr, Furcht und Zittern (vor den Menschen) wird die Tiere nicht mehr verlassen."
Die Begründung, die Gott selbst für diese Garantie gegeben hat, zeugt vom hohen Reflexionsgrad der alten Väter. Es gebe zwar Grund zu hundert und tausend neuer Sintfluten, weil der

Mensch „böse sei von Jugend auf".

Anders ausgedrückt, Gott selbst habe einen Lernprozess durchgemacht, er habe gelernt, dass auch kosmische Strafe die Grundbefindlichkeit des Menschen nicht verändert.

Er stehe von nun an bedingungslos zu seinem Versprechen, dass der Mensch weiterleben darf ungeachtet aller Verbrechen, die der Mensch gegen sich selbst und gegenüber der Schöpfung begehen kann und begehen wird.

Eine Meisterleistung der alten Autoren, die wir hier bemerken, nach dem, was Ihr uns aus Eurer Zeit berichtet habt. Darüber, was wir über die Dienstbarmachung der Geschöpfe, der Pflanzen und Tiere, die Inbesitznahme der Erde, der Welt hörten, und was wir erfuhren aus Euren Erzählungen über die Versuche der Eroberung gar des Weltalls.

Erschreckt hat uns auch Eure Kunde über einen Götzen mit Namen Wachstum, der Maßstab für alles Handeln des Menschen geworden sei..

Dann berichtetet Ihr sogar über die Angst des Menschen Eurer Zeit durch die Erkenntnis der Grenzen des Wachstums.

Für uns sind das unerklärliche Widersprüche.

- Erst die Freude und Lust am Fortschritt, der auf die Macht über die Welt ziele, dann sei Eurem Bericht zur Folge mit einem Schlag die Angst davor geworden..

In großen Teilen Eurer Menschheit kehre sich die Bewertung dessen um, was die Wissenschaft erreicht habe. Man sehe zunehmend die Ohnmacht gegenüber den Folgen der eigenen technischen Eingriffe, die nicht mehr rückgängig gemacht werden können. Nach immer mehr Wohlstand Weniger, so Eure uns vorgetragene Prognose, sei auf der Erde mit immer größerer Armut und katastrophalen Ereignissen in Eurer Zukunft zu rechnen.

Wir haben sehr genau zugehört und sind entsetzt.

Dieses wollen wir Euch , geliebte Brüder im Herrn Henrikus Vossus und Petrus Fischer, in der für uns noch auch so ferner Zukunft zur Kenntnis geben. Ob sich Entwicklungen der Zukunft durch Eure Interventionen in unserer Zeit verändern werden, möget Ihr selbst entscheiden.

Theodericus
Abt des Klosters Gladebach
Anno Domini 1275,
zur feierlichen Weihung des Vitusaltars
durch Albertus Magnus, der auch an unseren
Überlegungen beteiligt war.

Personen:

Peter Fischer	Zeitreisender
Heiner Voss	Zeitreisender
Herta Wickerath	Küsterin
Theoderich, gen. Dietrich	Abt
Gerhard von Rile	Baumeister
Bruder Mathäus Lotharius	Steinmetz
Frater Renaldus de Luzo	Novize
Goswin	Schmied
Frickus genannt de Schürger	Fuhrmann aus Hehn
Bruder Andreas de Fleck	Koch
Finja, genannt die Fischerin	Fischerin
Bruder Ekkehard	Pförtner
Bruder Giselbert von Wels	Hospitalar
Bruder Christian	Converse
Tilmannus	Pfarrer
Cornelius von Dülken	Schulteiss der Abtei
Pater Godefridus de Wickeraide	Prior
Pater Geradus Pasche gen. de pasculo	Camerarius
Henricus	Pächter des Engelshofes
Walbergus	Vogt
Rochus Blasius von Streithoven	Dominikaner-Mönch
Bruder Conradus de Bechthusen	Bibliothekar
Frater Ludovicus de Kempenich	zunächst noch Kopist

Glossar

Astrolabium
Messgerät zur Winkelmessung am Himmel, Vorläufer des
Sextanten. In Alexandria von der Mathematikerin Hyptia erfunden und im arabischen Raum weiterentwickelt und ist so in den mittelalterlichen Westen gelangt.

Bobbio
Benediktinerkloster im ligurischen Apennin. Vorlage für den Roman '*Im Namen der Rose*', von Umberto Eco

Bestia immunda
anderer Name für Antichrist und Teufel.

Dreikonchenchor
Die Chorkapelle schließt nahtlos an die beiden gegenüberliegenden Querhauskapellen an, so dass sich die Form eines dreiblättrigen Kleeblattes ergibt

Dormitorium
(lat. ‚Schlafraum'), Schlafraum der Mönche. Bis zum Mittelalter schliefen die Mönche alle, bis auf den Abt, in einem gemeinsamen Schlafraum auf Stroh. In der Zeit unserer Geschichte entwickelte sich die Einführung eigener Zellen. In Gladebach muss davon ausgegangen werden, dass diese Praxis noch längere Zeit auf sich warten liess, weil das Kloster der dringenden Erneuerung bedurfte. Immerhin lag das Dormitorium nahe dem Chorraum, damit er für die nächtlichen Gebete schnell zu erreichen war.

Geomantie
versteht sich als ganzheitliche Erfahrungswissenschaft, die versucht, die Identität eines Lebensraumes, eines Ortes oder einer Landschaft zu erfassen, und durch Gestaltung, Kunst oder Raum – und Landschaftsplanung zu berück-sichtigen und individuellen Ausdruck zu verleihen.

Hep!-Hep!-Geschrei
Hep war ein weit verbreitetes Schimpfwort, das aus den Anfangsbuchstaben des „**H**ierosolyma **e**st **p**erdita" (Jerusalem ist verloren) am Ende der Kreuzfahrerzeit gebildet war.

Joch
Der Kirchenraum wird durch Säulen und Pfeiler gegliedert. Dadurch entstehen Raumeinheiten, die Joche.

Kapitelsaal
Versammlungssaal der Gemeinschaft, dem Ordenskapitel in einem Kloster.

Lettner
(lat. Lectorium = Lesepult) der, in Mittelalterlichen Kirchen die halbhohe Wand, die den den Mönchen vorbehaltenen Chor- vom Gemeinderaum trennt. Der Lettner entstand seit Ende des 12. Jahrhunderts aus den seit frühchristlicher Zeit üblichen Chorschranken. Der von einer Pforte (oder mehren) durchbrochene Lettner wurde in der Gotik immer reicher ausgebildet und mit Skulpturen geschmückt. Die Spätgotik empfand die Scheidewand als störend und machte den Lettner da-

her so durchsichtg wie möglich. Wie vielerorts wurde der Lettner in der Münsterkirche im Barock beseitigt.

Licht - oder Obergaden
Die obere, durch Hochschifffenster belichtete Wandfläche.

Refektorium
Speisesaal der Mönche.

Scholastik
(Lat. Schola = Schule). Mittelalterlicher Wissenschaftsbetrieb zwischen dem 9. und 15. Jahrhundert.

sub rosa
(lat. Unter der Rose), Redensart „Jetzt ganz mal unter uns" Hinweisfloskel, die einem unerwünschten Zuhörer möglichst entgehen soll.
Aus dem selben Grund wurden im Mittelalter Beichtstühle mit Schnitzwerk von Rosen verziert.

Triforium
Unterhalb der oberen Fensterzone ist ein Laufgang mit zum Innenraum hin offenen Arkaden eingezogen, der in der Hochgotik zugunsten von Blendarkaden verschwand.

Literatur

Das Findelkind von Gladbach
Roman
von Michael Wefers 1935

Das Münster S. Vitus zu Mönchen – Gladbach
Kunstdenkmäler des Rheinlandes
von Hugo Borger, Essen 1958

Die Abtei Gladbach 974 – 1802
Hg. Städtisches Museum Mönchengladbach 1974

Die Benediktiner – Abtei M. Gladbach
von Eckertz, G. Noever, E.J. Köln 1853

Die Geheimnisse der Kathedrale von Chartres
Louis Charpentier 2001 Knaur MensSana

Die reichsunmittelbare Herrschaft Millendonk ,
von Jakob Bremer 1939 Verlag B. Kühlen

Der Bücherbesitz des Klosters St. Vitus,
von der Gründung bis zur Auflösung 974 – 1802
von Kottje Raymund u. Wermter EM (Hg.) 1998

Der Gotteskomplex
Horst Eberhard Richter
Rowolt 1979
Der Teufel sitzt im Chorgestühl
Ein Begleitbuch zum entdecken und Verstehen alter
Kirchen und Ihrer Bilderwelt, Friedemann Fichtel 2002,
Verlag am Eschbach

Ecclesia und Synagoga – feindliche Schwestern?
- Gedanken zu einer Ausstellung -
von Ursula Homann (im Internet)

Geschichte der Stadt und der Abtei Gladbach 2 Bände,
von Ernst Brasse 1914, 1926

Komm, ich erzähl dir eine Geschichte
Jorge Bucay
Ammann – Verlag 1999

Loca Desidirata
Mönchengladbacher Stadtgeschichte Band 1
Hg. Wolfgang Löhr, Rheinland - Verlag Köln, 1994

Mein Gott, mein Glück
Ansichten eines frommen Ketzers
von Peter Rosien, 2007, Verlagsgesellschaft Publik Forum

Mein Professor, unser Papst
und die Wahrheit der Religionen
Die Religionen – Terror der Menschen oder das Heil Gottes
Bernhard Scherger 2006, Eigenverlag

Rheydter Jahrbuch 14 / 1982
Der Matronenkult in Mönchengladbach
von Ellen Schwinzer, Hg. Otto von Bylandt – Gesellschaft
Druckhaus B. Kühlen

Rheydter Jahrbuch 14 / 1982
Landwehren im Raume Mönchengladbach
von Kurt Pieper, Hg. Otto von Byland – Gesellschaft
Druckhaus B. Kühlen

Schleichende Übernahme
Das Opus Dei unter Papst Benedikt XVI
Von Peter Hertel, 2007, Verlagsgesellschaft Publik Forum

Quellen und Beiträge zur Geschichte der Benediktinerabtei des Hl. Vitus in M. Gladbach
von Peter Ropertz 1877, Druck von Franz Oberger

Welt im Wandel,
Das Hochmittelalter
von Wolfdieter Haas, 2002 Jan Thorbecke Verlag

Bildnachweis

Seite 61
'Dietrichs Traumbild'
Das Langhaus des Münsters mit Lettner,
(Federzeichnung von U. Pisters)

Seiten 38, 89, 93
Villard de Honnecourt
aus seinem Skizzenbuch 1230 -35 aus Wikipedia

Seite 149
Zugemauerter Fluchtgang im Bereich des ehemaligen Engelshofes an der heutigen Eisenacher Str.
(Foto 3003 von Günter Leenen)

Einband und Seite 194
Siegel des Abtes Theodericus
(Staatsarchiv Düsseldorf)

Einband Skizze Chor – Südansicht
sowie Grundriss Mörtelscheibe auf Seite 163
aus: Die Kunstdenkmäler des Rheinlandes,
Das Münster S. Vitus zu Mönchengladbach
von Hugo Borger 1952